Traduit de l'allemand par Nicole Debrand
Traduit du russe par Bernadette du Crest

Kandinsky

Du spirituel dans l'art

et dans la peinture en particulier

*Édition établie
et présentée
par Philippe Sers*

Denoël

Ce travail est dédié à la mémoire de Nina Kandinsky
Philippe Sers

KANDINSKY PHILOSOPHE

Avant toute chose, osons une affirmation : l'écriture de Kandinsky est pensée philosophique et non pas simple explication de sa pratique artistique. Cette pratique est, certes, difficile d'accès comme l'ensemble de celles de l'avant-garde artistique du XXᵉ siècle, mais plus particulièrement que les autres. On peut à bien des égards considérer Kandinsky comme l'initiateur de l'art abstrait. Il en est non seulement l'initiateur, même si à l'époque où il présente ses premières abstractions l'idée était presque aboutie dans d'autres esprits, mais surtout il est celui qui en présente l'exposé le plus complet dans ses ouvrages essentiels.

Or l'art abstrait tourne le dos à la figuration, à la représentation du monde. Partant, c'est le plus déroutant pour le spectateur qui perd ici toutes ses habitudes de lecture directe et immédiate de l'œuvre d'art.

À double titre l'artiste est donc sommé de s'expliquer. Pour le contenu de l'œuvre qui paraît inaccessible, d'abord, mais aussi pour le bouleversement provocateur des coutumes du monde de l'art.

L'œuvre ne « représentant » plus rien reste pourtant considérée comme possible discours ou plutôt le specta- teur est en droit d'attendre d'elle qu'elle en tienne un. Sous peine de désaveu complet. On dirait dans ce cas : « cela ne représente plus rien », « cela n'a ni queue ni tête », ou « cela ne veut rien dire ».

Ce qu'on attend par conséquent de l'artiste c'est qu'il offre une traduction *de son œuvre. Ayant usé de moyens inusités pour s'exprimer, il a à sa charge de fournir le dictionnaire ou le manuel d'utilisation. La demande est sémantique. L'artiste doit y répondre s'il ne veut pas perdre la communication avec le public. Mais il y a plus. En renversant le système figuratif, l'artiste s'at- taque à toute une jurisprudence établie dans notre rela- tion au monde : la fonction de la peinture figurative est de restituer en deux dimensions la réalité des choses. Cet effort pour recopier le monde a occupé des généra- tions et un savoir-faire s'est lentement élaboré jusqu'à parvenir à des sommets prestigieux... Tout cela est mis à bas par l'abstraction.*

Cette remise en cause est inacceptable pour la cons- cience esthétique commune. Il y a en effet une curieuse solidarité entre l'ordre moral et la stagnation des valeurs esthétiques qui fait que le novateur se trouve en situation d'inculpé. Il a donc à présenter sa défense. C'est la position de Kandinsky à Munich en 1912. Ses écrits à première vue jouent ce rôle défensif.

Tout se passe alors comme si la théorie de l'art constituait une justification *après coup de la pratique artistique jugée incompréhensible ou inacceptable. Mais dans le même temps la théorie se trouve entachée de l'incrédibilité liée au discours de persuasion, lui-même inévitablement coloré de sophisme. Tout peut se justifier après coup. Les argumentaires de vente du monde marchand nous accoutument à la méfiance. Nous savons ne pas croire ces beaux propos où il nous est menti sur tout, excepté sur un point : le bonimenteur a quelque chose à vendre. Insensiblement, nous glissons donc vers le seul moyen de vérification laissé à notre disposition : est-ce que la marchandise se vend bien?*

C'est ainsi que l'appréciation critique acquiert le flou et la souplesse de la fluctuation boursière du marché ou de la stratégie politique en face de l'œuvre d'art. Au bout du compte, la meilleure justification de l'art abstrait serait la faveur des ventes publiques et la convoitise des musées. C'est oublier le caractère capricieux des unes et la versatilité des autres, soucieux également, par une sorte de curieux transfert, d'offrir le même visage de novation permanente que les formes de création sur lesquelles ils ont fini par se jeter après les avoir superbement boudés. Tous les spécialistes le savent. Que l'« avant-garde » — sans presque aucun souci de son contenu réel — soit devenue l'art officiel de nos États modernes ne nous rend que plus méfiant sur la manière dont elle est actuellement considérée. N'y a-t-il pas per-

version de son message lorsqu'elle devient le support de l'ordre établi? L'accord massif des bourgeois ne s'explique pas par le fait que toute une société serait devenue révolutionnaire d'un coup de baguette magique. Cette baguette ressemble trop au marteau du commissaire-priseur. Il y a indubitablement malentendu et du plaisir superficiel de la novation se dégage l'odeur d'une décadence de la pensée.

Or c'est à cette instance de la pensée philosophique qu'en appelle l'avant-garde de notre siècle. C'est sur ce plan qu'elle veut situer le débat. Ce point est attesté par tous les textes qu'elle nous a laissés.

Kandinsky dans ce débat occupe une position exemplaire. Cela est dû peut-être à la solidité de sa formation universitaire accomplie au cours de la première partie de son existence de juriste et d'ethnographe. Cela est dû aussi sûrement à l'ampleur et à la qualité de ses écrits ou de son œuvre où il utilise différents supports pour parvenir à son but. Les textes théoriques de Kandinsky tout d'abord s'offrent comme une réflexion sincère multiforme et en même temps claire et distincte de la question de l'art abstrait. Sincère, d'abord, en ce qu'elle implique un engagement personnel dont l'authenticité est impossible à mettre en doute. Kandinsky, dès le début homme de combat, est à la recherche de la subjectivité transcendantale, du point fragile de la rencontre entre l'individu et l'universel. Il s'y attache. Il en fait la raison de son combat. Sa découverte n'est à aucun titre limitée à son histoire, refermée sur son existence personnelle. Elle est un acquis collectif qu'il s'épuise à répandre.

Comme Diogène il nous interroge. Serons-nous l'être de l'aventure? Sommes-nous prêts à partir? Car si Kandinsky est d'avant-garde, il l'est au sens où l'avant-garde est constituée des hommes destinés à marcher en avant, à essuyer les premiers coups. L'avant-garde ouvre le chemin. D'essence, elle est foi dans le futur, accomplissement du progrès et, partant, conflit armé contre les forces de régression : c'est un peu comme dans ce Triangle spirituel dont il nous entretient longuement. Et où l'homme seul, à la pointe du Triangle, va assumer le progrès à accomplir.

En même temps, Kandinsky, homme de méthode, ne va négliger aucune piste, aucun chemin à parcourir pour parvenir à son but ultime. À telle enseigne que l'on trouve plusieurs exposés synoptiques de sa pensée, comme s'il s'était attaché à en explorer toutes les transcriptions possibles pour être sûr de ne négliger aucune vérification de sa découverte. Nous devons réserver à une étude plus longue et plus complète le soin de l'inventaire systématique des différents exposés et des différents aspects de sa pensée [1].

Mais si nous nous concentrons sur **Du spirituel dans** l'art, *la première remarque qui vient concerne l'incompréhension dont ce texte a été l'objet. Accusé de « psychologisme » par ses collègues de l'Inkhouk aux beaux moments de la révolution soviétique, taxé de subjectivisme par certains de ses confrères parfois même au Bauhaus, accusé d'une manière générale d'idéalisme,*

----

1. Cf. du même auteur, *La pensée philosophique de Kandinsky*.

Kandinsky fut finalement laissé de côté et parfois même intégré dans des classements hâtifs au mouvement fort creux de l'abstraction lyrique et à ses plaisirs du geste. C'est dire que le texte présenté ici n'a pas été vraiment regardé.

Le lecteur qui prendra le soin de suivre l'auteur pas à pas dans ses minutieuses démonstrations ne s'y trompera pas. La pensée devant laquelle nous nous trouvons, non seulement a droit de cité dans l'univers philosophique, mais elle y était attendue, et l'ensemble des grandes préoccupations de la pensée philosophique y figure.

La seconde remarque est que Du spirituel dans l'art *n'est pas le manifeste de l'art abstrait. Même si, comme c'est le cas, l'art abstrait est une des conséquences de la méthode. Pour Kandinsky, l'art abstrait est un but lointain. Et il semble que l'avenir lui ait donné raison. Tel que Kandinsky le définit, l'art abstrait n'existe de nos jours dans aucun pays au monde. Il constitue un effort que l'humanité n'a pas accompli car, trop préoccupée de réussites immédiates, trop à l'affût de recettes, elle est, pour l'instant, retombée dans l'ornière du formalisme, la jouissance de l'éphémère, et le plaisir de l'apparence contre lesquels il s'élevait, soucieux de restituer à la création artistique sa mission fondamentale qui lui paraît être de dévoiler l'ordre des choses, de constituer le langage suprême, celui qui se substitue aux mots impuissants.*

Pourtant Kandinsky utilise les mots. Il le fait la plupart du temps avec un remarquable doigté, ce qui sou-

*vent — et le lecteur voudra bien nous le pardonner —
rend difficile la traduction du texte et en tout cas minu-
tieux le travail d'analyse de sa pensée. Par ailleurs
l'auteur corrige, complète et affine son expression au
cours des deux versions (l'allemande et la russe) qu'il
nous a laissées. La traduction nouvelle qui est ici présentée intègre autant que possible ces corrections,
variantes ou ajouts. Elle reproduit également les importants éléments qu'il avait préparés en prévision d'une
quatrième édition allemande qui ne vit jamais le jour.*

*Ces éléments font de la version ici présentée un
ensemble inédit et un instrument précieux pour
comprendre dans toutes ses nuances l'apport du livre.*

*Achevé en 1909, imprimé en décembre 1911, ce livre
coïncide avec la première aquarelle abstraite, aujour-
d'hui conservée au Musée national d'art moderne, que
Kandinsky a affirmé avoir exécutée en 1910. Le fait a
été contesté.*

*C'est oublier qu'au fil des pages les éléments mêmes
de l'aventure abstraite sont suffisamment précis pour
que, mû par son infatigable et très exigeant besoin de
pratique, l'auteur s'essayât à l'exercice qu'il prônait.
Ne nous dit-il pas lui-même d'ailleurs dans ces pages
qu'en art, la théorie suit la pratique et ne la précède
pas, et le livre lui-même n'est-il pas truffé d'illustrations
graphiques sous forme de bois gravés, la plupart totalement abstraits, ce qui établit sans conteste que la pratique abstraite était déjà dans ses mains?*

*Quant à la pensée philosophique elle-même, elle a
précédé tout cela. Un émouvant témoignage nous en est*

parvenu à travers le texte des **Regards** *sur le passé où Kandinsky, appliquant avec brio sa théorie du « voilé-dévoilé » qui veut qu'une œuvre d'art ne soit lisible que par approfondissements successifs, donnera en 1913 un résumé crypté de son histoire personnelle, offert à l'herméneutique future.*

Essayons de nous approcher mieux de cette pensée.

Si la peinture de Kandinsky nous fascine et si ses idées ont dans l'aventure de l'art moderne probablement exercé une influence plus grande que celle de tout autre, ce n'est pas seulement grâce à son talent, mais surtout très certainement en raison de l'extraordinaire concentration de son œuvre et de sa théorie autour d'une idée centrale dont il n'est pas exagéré de dire que toute sa vie personnelle fut consacrée à l'explorer et à la mettre en pratique.

Le texte **Du spirituel dans** l'art *est un des exposés que Kandinsky nous offre de cette intuition centrale, mais cet exposé a l'avantage d'être celui où l'auteur fait le plus d'efforts vers une communication discursive. Kandinsky veut transmettre ses idées et livrer le résultat de ses expériences. Bien sûr, son propos est nécessairement limité : l'expérience intérieure ne se communique pas. Cela dit, la méthode est transmissible, comme le sait la philosophie depuis Descartes. Aussi assisterons-nous dans l'ouvrage autant à des comptes rendus d'expériences intérieures qu'à des exposés de méthode.*

Il faut être clair sur ce point. L'expérience personnelle de l'auteur n'a une valeur d'exemplarité — et donc ne devient répétable — qu'autant que nous est livrée la méthode qui permet cette expérience.

Quant au but, il est postulatif : il y a demande courtoise.

Du spirituel dans l'art *implique spiritualisme. Il y a spirituel dans l'art avant tout parce qu'il y a spirituel. Kandinsky se place dans une tradition qui traverse l'histoire de notre pensée. Dans cette tradition l'Esprit préside à la connaissance. L'âme est un acquis. Il y a un itinéraire d'union à l'Être et le monde lui-même est en progrès vers une apocalypse que nous pouvons déjà entrevoir.*

Le message est judéo-chrétien à quelques nuances, à quelques pudeurs près. Kandinsky reste fidèle à sa Foi de chrétien orthodoxe russe.

La question est bien le spirituel dans l'art. La présence du spirituel dans l'art et l'art au service du spirituel, cela non par attribution mais par essence, car l'essence de l'art se trouve là même.

Il n'est évidemment pas question dans le cadre limité d'une introduction d'explorer toutes les richesses d'un texte dont un commentaire philosophique plus serré doit révéler la réelle profondeur, mais que le lecteur veuille bien trouver ici quelques repères qui le guideront dans son approche personnelle.

Tout d'abord le registre dans lequel l'auteur va évoluer. Il est très large. Il faut dire que, dans sa réflexion, Kandinsky met en jeu plusieurs instruments spécifiques qui ne doivent pas être confondus. En premier lieu la **philosophie de** l'art. *C'est la réflexion qui porte sur* *la question de l'art comme moyen de connaissance et de salut. Il y a une voie artistique de la connaissance et cette voie débouche sur une amélioration individuelle et collective.*

Cette réflexion générale se distingue de la théorie de l'art *dont la tâche est de définir l'ensemble des règles ou des principes soumis à l'obtention en art d'un but défini. Elle s'en distingue, mais reste bien sûr liée à elle comme source de la méthode. C'est ce qui distingue la théorie de l'art de Kandinsky de toute théorie qui se fonderait sur des principes harmoniques conventionnels ou sur des éléments issus de la sensibilité.*

Cela dit, la théorie, toute théorie artistique authentique devrais-je dire, reste dépendante d'une pratique créatrice, *donc d'une application de la méthode, pratique à laquelle son destin est lié, pratique dont elle est presque obligatoirement issue. Cette pratique met en forme le contenu de l'art qui ressortit à sa philosophie, c'est-à-dire que dans la pratique créatrice de l'artiste vont se trouver les thèmes fondamentaux qu'il appartient à l'art – et à lui seul – de communiquer. En même temps la pratique va constituer une vérification des moyens mêmes de cette communication dont la théorie a la charge de définir le système.*

Enfin chez Kandinsky existe une proposition d'expérimentation du langage *des moyens purs de l'art – et d'abord de la peinture – sous l'aspect du langage des formes et, surtout dans notre texte, du langage des couleurs, le principe de base étant leur capacité de mettre en résonance l'âme humaine. En effet, l'évidence pri-*

maire en art, c'est le pouvoir qu'a l'œuvre de mettre l'âme humaine en vibration. C'est pourquoi le principe essentiel de toute création artistique est, selon Kandinsky, le principe de nécessité intérieure, c'est-à-dire le principe de l'entrée en contact efficace avec l'âme humaine. Or la valeur de ce principe est qu'il constitue un principe d'expérimentation. Il y a d'emblée renvoi à l'aventure intérieure personnelle, vérificabilité.

Alors s'organisent les grands thèmes du livre qui va presque simultanément mettre en œuvre ces quatre approches, déroutant ainsi un certain nombre de ses lecteurs peu aptes à faire la différenciation, à ordonner les différents plans sur lesquels se situe l'auteur. Si l'on prend pourtant cette précaution, le message de Kandinsky va pouvoir être reçu dans son ampleur et une nouvelle forme d'art est bien proche de l'éveil, tandis qu'une lecture maladroite la laissera encore plongée dans le sommeil agité qu'elle connaît actuellement. Car c'est certainement l'intérêt philosophique de Kandinsky que de nous avoir donné les clefs de ce château enchanté.

Chez Kandinsky, la notion centrale est celle du temps. Il y a un temps à accomplir. Toutes ces illuminations, longuement racontées dans ses textes autobiographiques, sont temporelles. Rembrandt, à l'Ermitage, le frappe parce qu'il a introduit le temps en peinture. C'est le temps de la lecture du tableau : non pas temporalité irréversible comme celle que l'on affecte traditionnellement à la lecture musicale, mais temps de la liberté, parcours du tableau par l'œil qui suit les compliqués passages de l'ombre à la lumière, temps de la recherche du sens à travers la logique des contrastes. Il l'exprime très clairement :

« *Plus tard je compris que cette séparation fixe comme par enchantement sur la toile un élément initialement étranger à la peinture et qui paraît difficilement saisissable : le temps.* »

Le temps est aussi présent dans l'expérience « *miraculeuse* » *qu'il fait au cours de son enquête ethnographique dans la province de Vologda où il rencontre des* « *maisons magiques* » *entièrement bariolées, organisées en un rituel précis, en un parcours exemplaire qui va des meubles disparaissant sous les ornements, à la lampe rouge, en passant par les images populaires et les icônes. Voyage analogique qui lui rappelle le parcours des églises moscovites, marche en quatre étapes qui restitue et soutient l'itinéraire de l'âme.*

C'est dans cet esprit que Kandinsky prend sa grande décision : rendre ses tableaux hermétiques pour que le spectateur puisse les pénétrer petit à petit :

« *J'ai voulu mettre dans chaque partie une série* " *infinie* " *de tons qui n'apparaissaient pas à première vue. Ils devaient d'abord rester entièrement* cachés, *surtout dans la partie sombre, et ne se révéler qu'avec le* temps *au spectateur profondément attentif, d'abord confusément et comme en s'essayant, pour résonner ensuite de plus en plus, avec une force croissante et angoissante.* »

Il y a donc à la fois marche vers le contenu pictural et figuration de cette marche. Le temps est le temps d'une herméneutique. Il est à la fois forme et contenu, à la fois le temps de la marche vers le symbole pictural et le symbole même de la marche. C'est ce que nous pourrons appeler la théorie du « voilé-dévoilé ». Kandinsky veut « parler du secret au moyen du secret ».

Cette théorie est tellement importante à ses yeux qu'il l'applique aussi dans ses écrits : poèmes, compositions scéniques, textes autobiographiques doivent être soumis à une herméneutique serrée. C'est également souvent le cas de Du spirituel dans l'art, *ouvrage qui n'est pas livré d'emblée à la compréhension immédiate, mais exige des approfondissements successifs.*

Mais ce temps est aussi le temps de l'itinéraire de l'humanité tout entière. Kandinsky croit à un temps de l'accomplissement du progrès divin.

La nécessité intérieure est à la fois subjective et objective. Elle est, nous dit-il, issue de nécessités mystiques.

Mystiques, en tant que modes de connaissance et d'existence à la fois étrangers et supérieurs à la connaissance et à l'existence normales. La source de l'art, on le voit ici facilement, est donc philosophique. Il est connaissance, il est projet moral et à l'évidence il débouchera sur une transformation du monde, ce qui expliquera les enthousiasmes de Kandinsky pour l'Inkhouk, les Vkhoutemas et le Bauhaus.

Les nécessités mystiques qui sont à la source de la nécessité intérieure sont au nombre de trois. Deux d'entre elles sont subjectives, c'est l'élément de la personnalité propre de l'artiste et le langage de l'époque et de la nation. La troisième, elle, est objective. C'est le « pur et éternel artistique ». Il est propre à l'art et commun à tous les hommes, tous les peuples et tous les temps. Il est l'essence même de l'art et « comme tel ne connaît ni espace ni temps ». Ici s'offre à nous le rôle irremplaçable et les possibilités spécifiques de l'art : il nous fait échapper à nos limitations, aux catégories kantiennes. Il a le pouvoir de dépasser le monde des phénomènes. C'est en cela qu'il ne connaît ni espace ni temps. Par essence.

Plus encore. Si les deux premiers éléments selon Kandinsky facilitent l'accès à l'âme des contemporains, en revanche ils gênent la vue du troisième. Cela fait que l'émotion de l'œuvre devient plus grande avec le temps qui s'écoule. Autrement dit le temps facilite l'émergence du troisième élément qui marque la grandeur de l'œuvre. Car l'objectif veut s'exprimer. Cette volonté est la nécessité intérieure. Elle est le moteur de la progression de l'Esprit :

« L'objectif a une inévitable volonté de s'exprimer; cette volonté est la force que nous désignons ici par nécessité intérieure et qui exige du subjectif, aujourd'hui telle forme générale, demain telle autre. Elle est le levier permanent, infatigable, le ressort qui pousse sans arrêt " vers l'avant ". L'esprit progresse et c'est pourquoi les lois de l'harmonie, aujourd'hui intérieures, seront demain des lois extérieures dont l'application ne continuera qu'en raison de cette nécessité devenue extérieure. Il est clair que la force spirituelle intérieure de l'art ne se sert de la forme d'aujourd'hui que comme d'une marche afin d'en atteindre de suivantes. En bref, l'effet de la nécessité intérieure, et donc le développement de l'art, est une extériorisation progressive de l'éternel

objectif dans le temporel subjectif. Et donc, d'autre part, la lutte de l'objectif contre le subjectif. »

Il y a donc une connaissance de la réalité en soi qui se manifeste à travers l'art et cette connaissance est liée à la progression de l'Esprit. Ce que nous appelons nécessité intérieure est une force. C'est cette volonté même de l'Esprit.

Dès lors, comment s'étonner de la confiance que l'auteur va avoir dans sa méthode? N'est-elle pas une méthode de concentration et d'écoute et ce qu'elle écoute n'est-ce pas une voix qui ne peut, dans ces conditions, être brouillée par aucune autre puisque c'est la voix de l'Esprit dont la volonté est plus forte que tout.

La philosophie de l'art et la pratique créatrice vont rendre compte de cette progression temporelle, de cet itinéraire collectif et individuel. C'est d'abord, dans le texte que l'on va lire, la très belle image du triangle spirituel qui progresse vers l'avant et vers le haut, avec à sa tête un homme seul qui voit des choses que les autres ne peuvent pas voir, qui les dit et souvent n'est pas compris. La joie de sa vision lui coûte l'incompréhension et l'hostilité des autres hommes :

« *C'est l'injure que vécut Beethoven dans la solitude des cimes.* »

Mais on trouve cependant des artistes dans toutes les parties du triangle. Ils sont des prophètes pour les niveaux inférieurs et « aident au mouvement du chariot récalcitrant de l'humanité ».

La tentation est grande de citer ici le prophète Joël *(Joël II, 28-32) :* « *Il arrivera aux derniers jours, dit*

*Dieu, que je répandrai mon Esprit sur toute chair : vos
fils et vos filles prophétiseront; vos jeunes gens auront
des visions et vos vieillards des songes. Oui, certes, sur
mes serviteurs et sur mes servantes, en ces jours-là, je
répandrai mon Esprit et ils prophétiseront.* » N'est-ce
pas à cette promesse que semble renvoyer Kandinsky
exaltant le rôle de l'art?

La seconde illustration qui nous est offerte de ce thème
de la progression se trouve dans la pratique créatrice
même de Kandinsky. L'image la plus forte est certainement celle de la transformation de la cité spirituelle.
L'auteur y attache tant d'importance qu'il en fait l'illustration de couverture du livre,. un bois gravé qui
évoque une trompette schématisée à gauche et une cité
avec des tours (comme une sorte de Kremlin) en train
de s'écrouler. Notons par ailleurs que cette illustration
pourrait aussi parfaitement s'assimiler au triangle spirituel, le nom de Kandinsky en occupant, pour le temps
du livre, la pointe supérieure. Cette image figure dans
plusieurs de ses œuvres plastiques. Elle est aussi très
présente dans les scénographies ou dans les poèmes. C'est
le lieu où s'affrontent les forces de régression et les forces
de progression. C'est Jéricho et les trompettes qui furent
le gage de la puissance amie de Yahweh. Kandinsky
explique longuement son image dans Du spirituel dans
l'art :

« *Une grande ville, solide, construite selon toutes les
règles de la mathématique architectonique et secouée par
des forces incommensurables. Les hommes qui vivent ici
vivent réellement dans une telle Cité spirituelle, où*

s'exercent brutalement ces forces, non prévues par les architectes et mathématiciens spirituels. Ici, un pan de l'épaisse muraille s'est effondré comme un château de cartes. Là, une tour colossale, qui atteignait le ciel, constituée de nombreux piliers spirituels, minces mais immortels, gît en ruine. Le vieux cimetière oublié tremble. De vieilles tombes oubliées s'ouvrent et des esprits oubliés s'en élèvent. Le soleil, construit avec tant d'habileté, se couvre de taches et s'assombrit : où trouver ce qui le remplacera pour le combat contre l'obscurité? »

Nous allons retrouver un peu plus loin cette image du renouvellement du soleil, mais remarquons déjà ici que c'est sur un astre lumineux hexagonal et dispensant ses rayons presque comme une sorte de fontaine que va commencer et s'achever l'ouvrage, puisque c'est à la fois l'illustration de la page de titre et celle de la dernière page de la couverture. Remarquons d'autre part, bien sûr, qu'il s'agit ici encore d'une image de déroulement temporel.

Deux autres images très présentes dans l'œuvre renforcent le thème. Il s'agit du Jardin d'Éden et du combat de saint Georges avec le dragon. Image originelle, le Jardin d'Éden marque le début de l'aventure des hommes. C'est le paradis où évolue le couple d'Adam et Ève avant le péché. Un couple dans un jardin, l'amour, le bonheur dans la Loi. Pour saint Georges, chevalier, guerrier, le fait (purement légendaire) de terrasser le dragon symbolise la lutte contre le Mal et préfigure clairement le vrai combat annoncé dans l'Apocalypse entre l'ange et ce même dragon qui sera la *victoire définitive à la fin des Temps. L'itinéraire collectif du chariot de l'humanité est donc le thème central, omniprésent, lancinant. C'est le message central exposé sous maintes versions qu'il appartient au lecteur, au regardeur de décrypter. Il y a dans l'œuvre d'art la révélation d'une réalité supérieure inaccessible au discours de la raison et elle devient par une coïncidence inouïe dans le même mouvement le support d'une méditation métaphysique. Elle est à la fois le support de la méditation et l'image de l'itinéraire.*

Ainsi nous sommes conduits à l'idée que l'œuvre d'art est un être actif, créateur de l'atmosphère spirituelle. Une œuvre d'art n'est pas belle, plaisante, agréable. Elle n'est point là en raison de son apparence ou de sa forme qui réjouit nos sens. La valeur n'est pas esthétique. Une œuvre est bonne lorsqu'elle est apte à provoquer des vibrations de l'âme, puisque l'art est le langage de l'âme et que c'est le seul. Kandinsky a parlé dans les **Regards** *du respect qu'il a pour la composition : « Ce mot agissait en moi comme une prière. Il me remplissait de vénération. » L'indication est précieuse car la prière est un mouvement de l'âme vers le divin qui conduit à une communication avec lui ; par exemple par le moyen de la méditation. Mais c'est aussi en même temps la suite des locutions consacrées par la liturgie qui constitue le support de ce mouvement. Autrement dit, la prière joue exactement le même rôle que la composition : elle est à la fois marche vers le divin et support ou symbole de cette marche.*

Les moyens de l'art eux-mêmes sont créateurs. L'extase

de Kandinsky devant le coucher de soleil de Moscou qu'il nous raconte dans ses souvenirs et où son être tout entier entrait en vibration constitua pour lui une sorte d'incitation à l'urgence de peindre. Pour lui, les buts et les moyens de la nature et de l'art sont « aussi grands, donc aussi forts ».

L'art peut atteindre son plus haut niveau s'il se dégage de sa situation de subordination vis-à-vis de la nature, s'il peut devenir absolue création et non plus imitation des formes du modèle naturel. Derrière les objets, derrière les choses, il y a une âme : chaque chose « me montrait son visage, son être intérieur, l'âme secrète qui se tait plus souvent qu'elle ne parle ». Il ne s'agit donc plus de représenter les objets : « Je cherchais à fixer sur ma toile le " chœur des couleurs " (ainsi que je le nommais), qui, jaillissant de la nature, faisait irruption dans toute mon âme et la bouleversait. »

Une autre extase confirme cette possibilité de l'art, il nous la raconte également dans les Regards. *Kandinsky est allé assister à une représentation de* Lohengrin *au Théâtre de la cour, et là il ressent une impression exceptionnelle. Wagner a peint « son heure », celle du coucher de soleil à Moscou, en musique. Violons, basses profondes et instruments à vent personnifient cette heure. Le résultat est qu'à ce moment, il voit « mentalement » ses couleurs et que des lignes « sauvages, presque folles, se dessinent devant lui ».*

Cette synesthésie est la manifestation en lui d'une vibration de l'être tout entier. Le phénomène ne se limite pas aux sens, mais atteint le lieu de communication de l'âme. Car si c'est l'âme des choses qui lui parle dans son heure de Moscou, c'est l'âme des moyens de l'art qui lui répond dans cette correspondance entre musique et peinture, confirmant la vocation de l'art et son pouvoir : « *Il m'apparut très clairement que l'art en général possédait une beaucoup plus grande puissance que ce qui m'avait d'abord semblé, que d'autre part la peinture pouvait déployer les mêmes forces que la musique.* »

L'apprentissage des couleurs va donc être pour Kandinsky — et il nous le dit lui-même — une expérience spirituelle. Il va même dans un passage jusqu'à parler d'alchimie : « *C'était comme une expérience entendue dans la mystérieuse cuisine d'un alchimiste enveloppé de mystère.* »

L'exploitation par l'artiste de son talent est donc à la fois nécessaire amélioration morale, mais aussi, tout en même temps, effort pour retrouver la racine de la création du monde. C'est ce que nous affirme Kandinsky dans deux textes auxquels il est nécessaire de se reporter et qui se trouvent toujours dans les **Regards.** *La cosmogonie est le modèle de la création artistique :* « *Chaque œuvre naît, du point de vue technique, exactement comme naquit le cosmos... Par des catastrophes qui, à partir des grondements chaotiques des instruments, finissent par faire une symphonie que l'on nomme musique des sphères. La création d'une œuvre, c'est la création du monde.* »

Quant à l'expérience artistique, elle ne se limite pas à l'apparence, mais est d'essence spirituelle :

« *Ainsi ces sensations de couleur sur la palette... se*

convertirent-elles en expériences spirituelles. Ces expériences servirent de point de départ aux idées dont je pris conscience voici dix ou douze ans et qui commencèrent alors à s'assembler pour aboutir au livre Du spirituel dans l'art. »

Du spirituel dans l'art *est donc le livre de la méthode et cette méthode nous conduit dans les pas de Kandinsky à une analyse de la couleur qui est l'apport essentiel de l'ouvrage à la théorie de l'art. Ce qui nous est proposé ici va beaucoup plus loin qu'une simple proposition concernant le langage de la couleur, c'est un véritable système de connaissance analogique. Dégagée de la gangue figurative, la couleur devient en effet un modèle du voyage de l'âme, en même temps qu'une image de l'ordre du monde.*

Kandinsky part des qualités intérieures de la couleur et sa démonstration est exemplaire car il est le premier à unir un raisonnement philosophique d'une rigueur inattaquable à une pratique de la peinture lui permettant, pas à pas, l'appel à l'expérience. C'est dire que son système des couleurs mérite la plus grande attention et qu'en aucun cas il ne peut se présenter comme un ensemble de recettes plus ou moins discutables reliées à une sensibilité personnelle interchangeable.

Pour bien pénétrer ce système, il faut d'abord éclaircir la méthode : de prime abord se pose la question du point de départ.

Il s'agit d'analyser l'action des éléments purs de l'art sur l'âme humaine :

« Ce point de départ est l'estimation de la valeur

*intérieure du matériau sur la grande balance objective,
c'est-à-dire, dans notre cas, l'étude de la couleur, qui
doit, en règle générale, agir sur chaque être humain.* »

Cette méthode va consister d'abord à se concentrer
sur la couleur isolée et à la laisser agir sur soi. Dès ce
moment apparaissent les « qualités » de la couleur, pour
reprendre le terme de Jacob Boehme, puisque les deux
grandes divisions qui vont apparaître sont : chaleur et
froideur et clarté et obscurité. La force de Kandinsky est
alors, au lieu d'opter pour une sémantique plus ou
moins discutable de la couleur, de nous renvoyer à
l'expérience intérieure vérifiable. Chaleur et froideur
sont la tendance vers le jaune ou vers le bleu. Ce sont
des éléments dynamiques, il s'agit avant tout d'un mouvement. C'est la tendance que la couleur a, tout en
conservant sa résonance de base, vers le matériel et
l'immatériel : « *C'est un mouvement horizontal, le chaud
sur ce plan horizontal allant vers le spectateur, tendant
vers lui, alors que le froid s'en éloigne.* » En outre le
bleu et le jaune constituent un second mouvement dynamique qui est leur mouvement excentrique (jaune) et
leur mouvement concentrique (bleu). L'importance de ce
point de départ est liée au fait que nous atteignons une
évidence primaire qui fonde sur l'expérience la plus
simple cette possibilité pour l'art de constituer le support
et le symbole de l'itinéraire puisque déjà, si nous sim-
plifions à l'extrême le premier moyen de l'art, nous
trouvons dans sa plus pure manifestation la marque
même de cet itinéraire. Par ailleurs, en approfondissant
un peu plus, il n'est pas interdit de penser que ce

mouvement de proximité-éloignement, de matériel-immatériel est conforme à la structure secrète des choses que l'art va avoir pour mission de révéler, puisqu'il est d'emblée, dans sa qualité psychique, *et donc dans son être intérieur, une « scénographie » de progrès (proximité-éloignement) et de dispersion-réintégration (mouvement ex- et concentrique), un peu comme la manifestation du mouvement philosophique de Procession-Ascension ou comme le passage de l'Un au multiple que la tradition nous donne comme l'origine du monde.*

Quant au second grand contraste, il est formé par l'opposition du blanc et du noir qui constitue la source de la tendance des couleurs au clair et à l'obscur. Le mouvement est identique, cependant sa forme n'est plus dynamique, mais statique et figée. Le blanc et le noir jouent donc le rôle de pôles en quelque sorte, où les deux types de mouvement sont portés à l'extrême et par conséquent figés dans leur limite absolue.

Nous sommes immédiatement renvoyés à l'expérience personnelle dont Kandinsky nous précise les conditions : « Si l'on fait deux cercles identiques et que l'on peint l'un en jaune et l'autre en bleu, on s'aperçoit, après une brève concentration sur ces cercles, que le jaune irradie, prend un mouvement excentrique et se rapproche presque visiblement de l'observateur. Le bleu, en revanche, développe un mouvement concentrique (comme un escargot qui se recroqueville dans sa coquille) et s'éloigne de l'homme. L'œil est comme transpercé par l'effet du premier cercle, alors qu'il semble s'enfoncer dans le second.

« *Cet effet s'accentue par la différence entre le clair et le foncé : l'effet du jaune augmente lorsqu'on l'éclaircit (pour parler simplement : par adjonction du blanc) et celui du bleu lorsque la couleur s'assombrit (adjonction du noir). Ce phénomène prend une importance encore plus grande si l'on considère que le jaune a une telle tendance au clair (blanc) qu'il ne peut guère exister de jaune très foncé. Il y a donc une parenté intime entre le jaune et le blanc — au sens physique du terme —, de même qu'entre le noir et le bleu, le bleu pouvant acquérir une profondeur telle qu'il confine au noir.*

« *Outre cette ressemblance physique, il en existe une, morale, qui distingue très nettement ces deux paires (jaune et blanc d'une part, bleu et noir d'autre part), dans leur valeur intérieure, et apparente étroitement les deux membres de chacune d'elles.* »

Nous sommes ici placés devant une expérience psychique qui, bien entendu, est répétable puisque la balance objective a le mérite de l'universalité. Mais il faut soigneusement noter l'appel qui est fait à la concentration (Konzentrierung). De la même manière, Descartes, dans sa définition de l'évidence, fait appel à un esprit « attentif ». Pour cette expérience qui conduit à l'évidence psychique, c'est-à-dire évidence du contact avec l'âme, Kandinsky exige la concentration, c'est-à-dire un effort de l'individu, pour focaliser son attention sur l'intérieur de lui-même, qui est voisin du processus de la méditation, pratique à laquelle il s'est très certainement astreint lui-même. On a d'ailleurs retrouvé dans ses carnets de 1908 sous le titre : « *Méditation, concen-*

tration, etc. », des instructions pour la méditation tirées des articles de Rudolf Steiner dans Lucifer-Gnosis. *Ces notes qu'il a prises incluent incontestablement tous les éléments nécessaires à une pratique approfondie de la méditation.*

Il y a donc évidence psychique et cette évidence va être le point de départ d'une « chaîne de raisons » car c'est par l'exploration de la cohérence des deux premiers contrastes, première évidence psychique, que va se constituer la théorie du « langage » de la couleur. Tout se passe comme si, brusquement, à partir de ce point de départ absolu, un ordre jusque-là caché se révélait, vérifiable à la fois par la suite logique du propos et par un appel permanent à l'expérience de l'âme qui transforme chaque étape en une nouvelle évidence psychique.

Encore une fois, le cadre de cette préface ne permettant pas les longs développements qu'exige l'exploration de toutes les richesses contenues dans cette théorie des couleurs, nous nous contenterons de quelques indications, renvoyant le lecteur à l'étude plus complète déjà évoquée. Kandinsky passe en revue huit couleurs simples (y compris le blanc et le noir). Ces couleurs ou « éléments » simples sont réunies en quatre « contrastes » dont deux tableaux résument la nature, un troisième tableau, plus complet mais d'apparence plus énigmatique, résumant la relation entre les six couleurs : jaune-bleu, rouge-vert, orangé-violet avec le blanc et le noir. À ces huit éléments, s'ajoute un neuvième, le gris, qui a une fonction particulière dans la progression. Chaque

couleur est identifiée par sa résonance intérieure, c'est-
à-dire son action sur l'âme. Dans le texte, cette résonance
est définie d'abord directement par trois moyens : sa
fonction psychique de base, sa genèse dans l'ordre des
couleurs qui s'impose à notre esprit et qui est exposée
comme une sorte de « chromogonie » – si le lecteur veut
bien me passer ce terme –, et enfin sa valeur symbolique
qui découle très naturellement des deux éléments qui
précèdent.

   Les couleurs sont aussi en même temps définies par
assonance, c'est-à-dire par l'évocation des résonances
psychiques qui leur sont semblables. Kandinsky nous en
donne le plus souvent trois sortes d'exemples pris dans
les états d'âme, les objets du monde et enfin les réso-
nances d'instruments de musique qui se rapprochent de
chaque couleur. L'ordre d'exposition des couleurs varie
entre les tableaux et le texte. Dans les tableaux l'ordre
est : jaune-bleu, blanc-noir, rouge-vert, gris, orangé-
violet. Dans le texte l'ordre est : jaune-bleu, vert, blanc-
noir, gris, rouge, orangé-violet. Il y est également fait
mention du brun, mais cette couleur ne joue aucun rôle,
il ne s'agit que d'un avatar du rouge. Cette différence
dans la succession doit être bien comprise. Elle est liée
au fait que l'ordre du texte suit le fil conducteur de la
méthode adoptée par l'auteur, alors que l'ordre des
tableaux est un ordre d'exposition du résultat obtenu.
Kandinsky présente par le texte le cheminement véri-
fiable de sa pensée alors que dans les tableaux, il résume
de manière enseignable sa découverte. De là peuvent
naître pas mal d'équivoques. Il appartient au lecteur

de suivre pas à pas l'exposé méthodique, car c'est là que se trouvent toutes les clefs de la progression théorique. Le fil conducteur est donc la relation de la couleur avec l'âme humaine et cette relation est avant tout mouvement. C'est la scénographie de l'âme. Si l'on simplifie à l'extrême cette scénographie, on peut dire que les conditions de base sont l'existence d'un espace de déplacement, le temps du déplacement et le mouvement qui va permettre que cet espace soit parcouru dans un temps donné. Tel est, réduit à l'extrême, le schéma de la Théorie des couleurs de Kandinsky. Tout cela est suggéré, esquissé, à demi voilé, mais pourtant dévoilé, exposé dans une langue précise dans l'évocation, savoureuse dans les nuances et qui en permanence nous renvoie à l'expérience de l'âme. Jaune et Bleu constituent donc le premier contraste, celui de la proximité et de l'éloignement, la couleur typiquement terrestre et la couleur typiquement céleste. Leur mélange va être l'annulation des deux mouvements, le Vert, couleur de la passivité béate que Kandinsky décrit en des termes irremplaçables de piquant.

Le deuxième contraste, Blanc et Noir, fige le mouvement ex- et concentrique. C'est le mouvement de la résistance.

Le Blanc est une résistance pleine de possibilités qui symbolise la naissance. Le Noir marque la fin, la disparition des possibles, c'est la mort. Ce sont des silences. Mécaniquement mélangés, ils engendrent le gris, immobilité sans espoir.

Alors entre en scène le Rouge. Il est amené par la

*logique, mais se révèle à travers l'analyse du Gris. Car
plus le Gris est foncé, plus le désespoir l'emporte, mais
lorsqu'il est clair, il peut révéler un espoir caché. Ainsi,
« lorsqu'on l'éclaircit, il s'aère en quelque sorte, donnant
une possibilité de respirer dans la couleur, qui contient
un certain élément d'espoir caché. Un tel Gris naît du
mélange optique du Vert et du Rouge : il résulte du
mélange spirituel de la passivité contente de soi et d'un
rayonnement fortement actif ».*

C'est ainsi que s'établit le troisième contraste, celui
du Rouge, mouvement en soi, et du Vert, extinction
spirituelle du premier contraste Jaune-Bleu. Couleur
riche, exubérante, le Rouge est particulièrement digne
d'attention : « *Tel qu'on se l'imagine comme couleur
sans frontière, typiquement chaude, [il] agit intérieurement comme une couleur très vivante, vive, agitée, qui
n'a cependant pas le caractère insouciant du Jaune qui
se dissipe de tous côtés, mais donne l'effet malgré toute
son énergie et son intensité de la note primaire d'une
force immense, presque consciente de son but. Il y a dans
cette effervescence et cette ardeur, principalement en soi
et très peu tournée vers l'extérieur, une sorte de maturité
mâle.* »

Dès lors, mouvement en soi, le Rouge va pouvoir
s'orienter soit dans la direction excentrique, vers le corporel, c'est-à-dire vers le Jaune, soit dans la direction
concentrique, vers le spirituel, c'est-à-dire vers le Bleu.
C'est ainsi que naît le quatrième contraste, celui de
l'Orangé-violet.

Ces six couleurs (Jaune-bleu, Rouge-vert et Orangé-

violet) forment par paires trois grands contrastes. Elles constituent un grand cercle entre deux pôles. C'est « la vie des couleurs simples entre la naissance et la mort ». Kandinsky compare aussi ce cercle (figuré dans le troisième tableau) au serpent qui se mord la queue dont il précise qu'il est symbole d'infini et d'éternité.

On peut méditer longuement sur la Théorie des couleurs de Kandinsky qui se déroule au long de ce texte et le suivre dans cette expérience unique qu'il accomplit avec ferveur et minutie. Sa démonstration a fasciné tous ceux qui furent en contact avec lui au point que l'ensemble des créateurs du Bauhaus l'adopta comme lettre de foi. Mais il y a sans doute plus. Dans sa théorie, se trouve une solution extrêmement originale à un très vieux problème et cette solution mérite la plus grande attention. En outre il convient de remarquer la parenté profonde entre le cercle des couleurs tel qu'il le définit et la notion du Mandala. Littéralement, le Mandala est le cercle. Et ce cercle est le résumé de la manifestation spatiale : c'est l'image du monde. C'est en même temps la représentation et l'actualisation des puissances divines, et dès lors il constitue une image psychagogique propre à conduire celui qui le contemple à l'illumination.

On voit donc que la notion d'itinéraire spirituel présente dans la philosophie de l'art de Kandinsky et dans sa pratique créatrice, qu'elle soit picturale, poétique ou scénographique, est également au cœur de sa théorie de l'art dont Du spirituel dans l'art *nous donne la première étape avec le langage des couleurs. Jaune et Bleu, corporel et spirituel constituent l'espace idéal de l'iti-*

néraire, *Blanc* et *Noir, naissance* et *mort, le temps du
parcours,* et le *Rouge, mouvement* en *soi, représente
l'énergie motrice. Orangé* et *Violet sont les étapes possibles, tandis que le Vert correspond au refus du voyage,
à la passivité qui se suffit à elle-même.*

Les autres écrits de Kandinsky poursuivront cet inventaire des possibilités spirituelles de l'art, en particulier
avec la théorie de la forme que nous trouvons dans
Point Ligne Plan plus complètement développée qu'ici,
ou encore avec la théorie de l'art monumental esquissée
dans ce livre, mais dont nous trouvons des exposés plus
complets dans l'**Almanach du Cavalier bleu,** *les* **Cours
du Bauhaus** *et différents articles. Mais il faut dire
qu'avec* **Du spirituel dans l'art,** *le lecteur a en main
un survol d'ensemble de la pensée de Kandinsky exposée
avec une sorte de fièvre qui est nourrie par le feu de
l'illumination. L'époque où il écrivit le livre est pour
lui une époque mystique où aboutit une longue quête.
Il détient enfin les premiers résultats de son attente et
la joie transparaît à travers les lignes où s'ordonnent
comme par enchantement toutes les réponses tant atten-
dues. L'importance de la découverte le saisit. Il est
comme porté par une force immense.*

Son âme est grosse du monde futur. Il a tant à dire.
Il veut expliquer sans cesse plus encore.

L'image qui nous reste de Kandinsky est celle d'un
homme à part. Pour ceux qui l'approchèrent il était
inclassable, le « Prince », venu d'ailleurs, courtois mais
réservé, raffiné, impénétrable. Débordant d'activité à
Munich, enthousiaste et maladroit en Russie après la

révolution, profond et méthodique au Bauhaus puis à Paris, étrange et comme refermé sur son rêve intérieur.

Derrière tout cela il y a un homme épris de connaissance et sûr du progrès de l'Esprit. Lui-même se croyait la réincarnation d'un sage chinois. Derrière son visage aux yeux légèrement bridés hérités de ses ancêtres mongols, visage dont de nombreuses photographies nous retracent les contours, derrière son regard pensif à l'abri des verres sans monture, se loge cette énigme dont il a tenu à nous donner les clefs par un infatigable labeur aux pinceaux et à la plume.

Revenons pour finir à cette belle définition de l'art qu'il nous donne et dont il y a peu d'équivalent : « L'art, dans son ensemble, n'est pas une création sans but de choses qui se dissolvent dans le vide, mais une force qui tend vers un but et doit servir à développer et affiner l'âme humaine, participer au mouvement du Triangle. Il est le langage qui, dans sa seule forme particulière, parle à l'âme des choses qui constituent son pain quotidien et qu'elle ne peut recevoir que sous cette forme. L'art se dérobe-t-il à cette tâche, rien ne saurait combler le vide de cette absence, car il n'existe aucune autre puissance capable de le remplacer. »

Tel, dans sa certitude et dans son exigence, ce message, venu de très loin et de si près de nous, doit nous rendre la confiance dans la possibilité de ce que Kandinsky nommait « un art vraiment pur, au service du divin ».

Philippe Sers
Mars 1988

DU SPIRITUEL DANS L'ART
ET DANS LA PEINTURE
EN PARTICULIER

À la mémoire d'Élisabeth Ticheieff

Les idées que je développe ici sont le résultat d'observations et d'expériences intérieures qui se sont accumulées au cours des cinq à six dernières années. Je voulais écrire sur ce thème un ouvrage plus volumineux qui aurait nécessité de nombreuses expériences dans le domaine de la sensibilité. Occupé à d'autres travaux également importants, j'ai dû renoncer à ce projet pour l'instant. Peut-être ne l'exécuterai-je jamais. Un autre l'accomplira, davantage et mieux que moi, puisqu'il y a nécessité à le faire. Force m'est donc de m'en tenir aux limites d'un simple schéma et de montrer simplement l'importance du problème. Je m'estimerai heureux si mes paroles ne se perdent pas dans le vide.

Ce petit livre fut écrit en 1910. Avant que ne parût la première édition (janvier 1912) j'y introduisis des expériences que j'avais faites entre-temps. Depuis, six mois se sont écoulés et j'embrasse aujourd'hui d'une vue plus libre un plus vaste horizon. Après mûre réflexion, j'ai renoncé à l'étoffer de compléments dont l'importance encore inégale aurait précisé quelques parties seulement. Je résolus d'adjoindre ces matériaux nouveaux aux observations et expériences décisives qui s'accumulent depuis quelques années et qui constitueront peut-être avec le temps la suite naturelle de ce livre, feuillets isolés d'une sorte de « Science de l'harmonie en peinture ». C'est pourquoi dans la seconde édition, qui dut suivre de très près la première, la forme de cet écrit est demeurée pratiquement inchangée. Mon article « Sur la question de la forme » dans le « Cavalier bleu » est un fragment (un complément) qui témoigne de mon évolution ultérieure.

                                    Kandinsky
                          Munich, avril 1912

A
GÉNÉRALITÉS

I

INTRODUCTION

Toute œuvre d'art est l'enfant de son temps et, bien souvent, la mère de nos sentiments.

Ainsi de chaque ère culturelle naît un art qui lui est propre et qui ne saurait être répété. Tenter de faire revivre des principes d'art anciens ne peut, tout au plus, conduire qu'à la production d'œuvres mort-nées. Nous ne pouvons, par exemple, avoir la même sensibilité ou la même vie intérieure que les Grecs anciens. De même un effort pour appliquer leurs principes plastiques n'aboutira qu'à la création de formes semblables aux formes grecques, mais pour toujours sans âme. Une telle imitation ressemble à celle des singes. Extérieurement, les gestes du singe sont identiques à ceux de l'homme. Le singe est assis, tient un livre à la main, le feuillette, prend un air inspiré, mais sans que cette mimique ait aucune signification intérieure.

Il existe cependant une autre forme d'analogie apparente des formes d'art, fondée sur une nécessité *fondamentale*. La similitude des recherches *intérieures* dans le cadre de toute une atmosphère morale et spirituelle, la recherche de buts déjà poursuivis dans leur ligne essentielle, mais oubliés par la suite, donc la ressemblance de l'ambiance spirituelle de toute une période, tout cela peut conduire logiquement à l'emploi de formes qui ont, dans le passé, servi avec succès les mêmes tendances. C'est ainsi que sont nées, du moins en partie, notre sympathie et notre compréhension pour les Primitifs, et nos affinités spirituelles avec eux. Tout comme nous, ces artistes purs ont essayé de ne représenter dans leurs œuvres que l'Essentiel Intérieur, par élimination de toute contingence extérieure.

Ce point de contact intérieur, malgré toute son importance, n'est, cependant, qu'un point. Notre âme, après la longue période de matérialisme dont elle ne fait que s'éveiller, recèle les germes du désespoir, de l'incrédulité, de l'absurde et de l'inutile. Le cauchemar des doctrines matérialistes, qui a fait de la vie de l'univers un jeu stupide et vain, n'est pas encore dissipé. Revenant à soi, l'âme reste oppressée. Seule une faible lumière vacille comme un point minuscule dans un énorme cercle du Noir. Cette faible lumière n'est qu'un pressentiment et

l'âme n'a pas le courage de la voir dans le doute
que cette lumière soit le rêve, et le cercle du Noir
la réalité. Ce doute et l'oppression encore pénible
de la philosophie matérialiste font que notre âme
diffère profondément de celle des « Primitifs ».
Notre âme a une fêlure et sonne, lorsqu'on parvient à l'atteindre, comme un vase précieux que
l'on aurait retrouvé, fêlé, dans les profondeurs de
la terre. C'est pourquoi cette attirance vers le Primitif que nous vivons momentanément ne peut
sous sa forme actuelle, assez factice, qu'être de
courte durée.

Ces deux analogies de l'art nouveau avec certaines formes des époques révolues sont, il est facile
de le voir, diamétralement opposées. La première
est tout extérieure et n'a pour cela aucun avenir.
La seconde est intérieure et pour cela porte en
elle le germe de l'avenir. Après la période de tentation matérialiste à laquelle elle a apparemment
succombé et qu'elle écarte cependant comme une
tentation mauvaise, l'âme émerge, affinée par la
lutte et la douleur. Des sentiments plus grossiers,
tels que la peur, la joie, la tristesse, qui auraient
pu durant la période de la tentation servir de
contenu à l'art, n'attireront guère l'artiste. Il s'ef-
forcera d'éveiller des sentiments plus fins, qui n'ont
pas de nom. Lui-même vit une existence complexe,
relativement raffinée et l'œuvre qui aura jailli de
lui provoquera, chez le spectateur qui en est

capable, des émotions plus délicates qui ne peuvent s'exprimer par nos mots.

À l'heure actuelle, le spectateur est rarement capable de ressentir de telles vibrations. Il cherche dans l'œuvre d'art ou bien une simple imitation de la nature qui peut servir à des fins pratiques (portrait au sens le plus banal du mot, etc.) ou une imitation de la nature comportant une certaine interprétation, une peinture « impressionniste », ou enfin des *états d'âme déguisés sous des formes naturelles* (ce que l'on appelle l'ambiance [1]).

Toutes ces formes, lorsqu'il s'agit de véritables formes d'art, atteignent leur but et constituent (même dans le premier cas) une nourriture spirituelle, mais surtout dans le troisième cas où le spectateur trouve une consonance de son âme. Assurément une telle consonance (ou même dissonance) ne peut rester vide ou superficielle ; mais l'« ambiance » de l'œuvre peut encore renforcer l'« ambiance » intérieure du spectateur et la sublimer. En tout cas de telles œuvres contribuent à défendre l'âme contre tout alourdissement. Elles la maintiennent à une certaine hauteur comme les clefs maintiennent tendues les cordes d'un instrument. Néanmoins l'affinement et la propagation

---

1. *(Stimmung.)* Malheureusement ce terme qui devrait désigner les aspirations poétiques d'une âme vibrante d'artiste a lui aussi été détourné de son sens véritable pour devenir finalement un objet de moquerie. Quel est d'ailleurs le mot chargé d'un sens profond que la foule n'ait tenté aussitôt de profaner ?

de ce son dans le temps et dans l'espace restent partiels et n'épuisent pas tout l'effet possible de l'art.

*

Un grand, très grand, un petit bâtiment ou un bâtiment moyen, divisé en salles. Les murs de ces salles disparaissent sous des toiles petites, grandes ou moyennes. Souvent plusieurs milliers de toiles. Et sur ces toiles des morceaux de « nature » rendus au moyen de la couleur : animaux en pleine lumière ou à l'ombre, buvant, près de l'eau, couchés dans l'herbe ; à côté, une Crucifixion, peinte par un artiste qui ne croit pas au Christ ; des fleurs, des figures humaines assises, debout, marchant, souvent aussi nues, une foule de femmes nues (fréquemment en raccourci et vues de dos), des pommes et des plats d'argent, le portrait du Conseiller N..., un coucher de soleil, une dame en rose, un vol de canards, le portrait de la baronne X..., un vol d'oies, une dame en blanc, des veaux à l'ombre avec çà et là des taches de soleil d'un jaune criard, le portrait de Son Excellence Y..., une dame en vert. Tout cela est soigneusement imprimé dans un livre : noms des artistes, titres des tableaux. Des gens tiennent ce livre à la main et vont d'un tableau à l'autre, feuilletant et lisant les noms. Puis ils s'en vont aussi pauvres ou aussi riches qu'en entrant, immédiatement absorbés par leurs préoccupations, qui n'ont rien à voir avec l'art. Pourquoi étaient-ils là? Chaque tableau contient mystérieusement toute une vie, avec ses souffrances, ses doutes, ses heures d'enthousiasme et de lumière.

À quoi tend donc cette vie? Vers qui l'âme angoissée de l'artiste se tourne-t-elle quand elle aussi participe à la création? Que veut-elle annoncer? « Projeter la lumière dans les profondeurs du cœur humain, telle est la vocation de l'artiste », a écrit Schumann. Et Tolstoï : « Un peintre est un homme qui peut tout dessiner et tout peindre. »

De ces deux définitions de l'activité de l'artiste, c'est, si l'on pense à l'exposition que nous venons d'évoquer, la seconde qu'il faut choisir. Avec plus ou moins d'habileté, de virtuosité, de brio, on a projeté sur la toile des objets formant une « peinture » plus ou moins fine ou grossière. C'est l'harmonisation de l'ensemble sur la toile qui fait l'œuvre d'art. On la regarde d'un œil froid et l'âme indifférente. Les connaisseurs admirent la « patte » (comme on admire un danseur de corde) et apprécient la « peinture » (comme on apprécie un pâté).

Les âmes affamées s'en retournent affamées.

La grande foule se promène à travers les salles et trouve les toiles « gentilles » ou « formidables ». L'homme qui pourrait parler à ses semblables n'a rien dit et celui qui eût pu entendre n'a rien entendu.

C'est cet état de l'art que l'on nomme « l'art pour l'art » [1].

Cet étouffement de toute résonance intérieure, qui est la vie des couleurs, cette dispersion inutile des forces de l'artiste, voilà « l'art pour l'art ».

L'artiste recherche le salaire de son habileté, de sa puissance inventive et de sa sensibilité sous forme matérielle. Son but devient de satisfaire son ambition et sa cupidité. Au lieu d'une collaboration approfondie, c'est une concurrence pour la conquête de ces biens que l'on voit naître entre les artistes. On se plaint de cette concurrence excessive et de la surproduction. La haine, la partialité, les coteries, l'envie et les intrigues viennent en conséquence de cet art matérialiste détourné de son véritable but [2].

Le spectateur se détourne en toute tranquillité de l'artiste qui ne voit pas, dans un art dévoyé, le but de sa vie, mais qui vise plus haut.

« *Comprendre* », c'est éduquer le spectateur afin de l'amener au niveau de l'artiste. Nous avons dit plus haut que l'art est l'enfant de son temps. Un

---

1. *En français dans le texte.*
2. Les quelques exceptions que nous connaissons ne contredisent pas cet affligeant tableau et encore ces exceptions sont-elles constituées principalement d'artistes dont le credo est l'art pour l'art. Ils servent ainsi un idéal élevé, qui n'est, *à tout prendre*, qu'une dispersion inutile de leurs forces. La beauté extérieure est l'un des éléments de l'atmosphère spirituelle. Cependant, en dehors de son aspect positif (le beau étant le bien), cet élément présente le défaut de ne pas épuiser le talent (talent pris au sens évangélique du terme).

tel art ne saurait rendre que ce qui, dans l'atmosphère du moment, est clairement accompli. Cet
art, qui ne renferme en soi-même aucun potentiel
d'avenir et n'est ainsi que l'enfant de son époque,
n'engendrera jamais le futur : c'est un art castré.
Il est de courte durée et meurt moralement lorsque
l'atmosphère qui l'a créé vient à changer.

*

L'autre art, susceptible d'autres développements, prend également racine dans son époque
spirituelle, mais n'en est pas seulement le miroir
et l'écho; bien au contraire, il possède une force
d'éveil prophétique qui peut avoir une profonde
influence.

La vie spirituelle, à laquelle l'art appartient également, et dont il est l'un des agents principaux,
est un mouvement compliqué, mais certain et facilement simplifiable, vers l'avant et vers le haut.
C'est le mouvement même de la connaissance, qui,
quelque forme qu'il prenne, garde le même sens
profond et le même but.

Les causes de la nécessité qui nous contraint à
nous mouvoir vers le haut et vers l'avant « à la
sueur de notre front », à travers les peines, le mal
et les tourments, restent inconnues. Lorsqu'une
station est atteinte, et que la route est débarrassée
de nombreuses pierres perfides, une main invisible
vient méchamment y jeter de nouveaux blocs qui,

parfois, recouvrent alors si complètement la voie qu'on ne la reconnaît plus.

Immanquablement un homme surgit alors, l'un de nous, en tous points notre semblable, mais doué d'une mystérieuse puissance de « vision ».

Il voit et montre la route. Il voudra parfois se débarrasser de ce don, qui, souvent, lui pèse comme une croix. Il ne le pourra pas. Malgré le mépris et la haine, il traîne à sa suite sur le chemin encombré, vers le haut, vers l'avant, le lourd chariot de l'Humanité.

Souvent son *moi* corporel a depuis longtemps disparu lorsqu'on tente par tous les moyens de reproduire cette forme corporelle, plus grand que nature, en marbre, en fer, en bronze et en pierre. Comme si ce *corporel* avait une importance chez de tels martyrs, divins serviteurs des hommes, méprisant le corporel, seulement imbus du *spiri-tuel*. Malgré tout, ce marbre est alors une preuve qu'une grande foule a maintenant atteint le niveau où se trouvait alors celui que l'on glorifie aujourd'hui.

II

LE MOUVEMENT

Un grand Triangle divisé en parties inégales, la plus petite et la plus aiguë dirigée vers le haut — un assez bon schéma de la vie spirituelle. Plus on descend, plus les sections du Triangle sont grandes, larges, spacieuses et hautes.

Tout le Triangle avance et monte lentement, d'un mouvement à peine sensible et le point atteint « aujourd'hui » par le sommet du Triangle sera dépassé « demain » par la section suivante [1]. Ceci veut dire que ce qui n'est aujourd'hui intelligible que pour la pointe extrême, et n'est pour le reste du Triangle qu'élucubrations incompréhensibles, sera demain, pour la seconde section, le contenu chargé d'émotion et de signification de sa vie spirituelle.

1. Le contenu de cet « aujourd'hui » et de ce « demain » est semblable à celui des « jours » de la Création dans la Bible.

Il n'y a parfois à l'extrême pointe du Triangle qu'un homme seul. La joie qu'il ressent de sa vision est égale à son infinie tristesse intérieure. Et ceux qui sont les plus proches de lui ne le comprennent pas. Dans leur désarroi, ils le traitent d'imposteur et de dément. Ainsi en son temps Beethoven solitaire fut-il en butte à leurs outrages[1].

Combien d'années a-t-il fallu pour qu'une section assez importante du Triangle parvienne au niveau où il se trouvait seul jadis? Et malgré tous les monuments – combien sont-ils ceux qui l'ont réellement atteint[2]?

Dans toutes les sections du Triangle on peut trouver des artistes. Celui d'entre eux qui est capable de voir par-delà les limites de sa section est un prophète pour son entourage et aide au mouvement du chariot récalcitrant.

Mais qu'il n'ait pas cette vision perçante, ou qu'il en mésuse pour des motifs bas, ou qu'il n'en use pas, et il sera parfaitement compris de ses semblables et sera fêté. Plus la section est grande (et donc plus elle est située bas), plus la foule sera

1. Weber, l'auteur du *Freischütz*, disait de la VIIe Symphonie : « Les extravagances de ce génie ont maintenant atteint le *nec plus ultra*; Beethoven est maintenant mûr pour l'asile de fous. » Entendant pour la première fois ce passage poignant de la première partie où le *mi* revient obstinément, l'abbé Stadler fit remarquer à un de ses voisins : « Il y revient à son *mi*! Pas plus d'imagination que de talent, cet individu! » (*Beethoven*, de August Göllerich, cf. page 1 de la série « *Musik* », éd. par R. Strauss).

2. Certains monuments ne sont-ils pas une triste réponse à cette question?

grande de ceux qui comprendront ses paroles. Il est évident que chacune de ces sections attend et espère, consciemment, ou même inconsciemment (et c'est le cas le plus fréquent), le pain spirituel qui lui convient. Ce pain lui est tendu par les artistes et c'est ce même pain que recherchera demain la section suivante.

*

Cette représentation schématique ne donne évidemment qu'une image imparfaite de la vie spirituelle. Entre autres, elle n'en montre pas le revers, *une grande tache noire* morte. C'est parce qu'il arrive trop souvent que ce pain devienne la nourriture d'hommes qui appartiennent déjà à une section plus élevée. Pour eux, ce pain devient alors un poison : à petites doses il fait progressivement glisser l'âme d'une section élevée dans une autre plus basse; à haute dose, il provoque une chute brutale, vers des sections de plus en plus basses. Sienkiewicz, dans l'un de ses romans, compare la vie spirituelle à la nage : celui qui ne travaille pas sans relâche et ne lutte pas sans cesse contre l'enfoncement coule irrémédiablement. Et le don naturel de l'homme, le « talent » (au sens de l'Évangile) devient alors une malédiction, non seulement pour l'artiste qui l'a reçu, mais aussi pour tous ceux qui mangent de ce pain empoisonné. L'artiste utilise sa force à flatter des besoins inférieurs; il donne une forme prétendument artistique à un contenu impur, attire à lui les éléments faibles, les mêle à ce qui est mauvais, trompe les hommes et les aide à se tromper eux-mêmes, en ce qu'il se persuade, et en persuade d'autres qu'ils ont soif de spirituel et qu'ils apaisent cette soif à une source pure. De telles œuvres ne servent pas le mouvement ascendant, elles l'entravent, freinent les forces de progrès et empestent ce qui les entoure.

De telles périodes, au cours desquelles l'art n'a aucun représentant valable, où nul ne tend aux hommes le pain sublime, sont les *périodes de décadence* du monde spirituel. Sans cesse des âmes tombent des sections hautes du Triangle vers la base, et le Triangle entier semble immobile. Il semble même reculer et descendre. Dans ces époques muettes et aveugles, les hommes attachent une valeur spéciale et exclusive aux succès extérieurs, ne se préoccupent que de biens matériels et saluent tout progrès technique qui ne sert et ne peut servir qu'au corps comme une grande réussite. Les forces purement spirituelles sont sous-estimées, sinon totalement ignorées.

Isolés, les affamés et ceux qui voient sont moqués ou considérés comme anormaux. Cependant quelques rares âmes, qui ne peuvent être endormies et qui éprouvent un besoin obscur de vie spirituelle, de savoir et de progrès, gémissent, inconsolées et plaintives, dans le chœur des appétits grossiers. La nuit spirituelle s'épaissit de plus en plus. Autour de telles âmes effrayées, tout devient de plus en plus gris et ceux à qui elles appartiennent, de peur ou de désespoir, torturés et épuisés, préfèrent souvent la chute brutale et soudaine dans le noir à ce lent obscurcissement.

L'art qui, en de telles périodes, a une vie diminuée n'est utilisé qu'à des fins matérielles. Il va chercher sa substance dans la *matière grossière,* ne connaissant pas la plus fine. Les objets, dont la reproduction semble son seul but, restent immuablement les mêmes. *Eo ipso* la question « quoi » disparaît dans l'art. Seule subsiste la question « comment » l'objet corporel pourra être rendu par l'artiste. Elle devient le credo. Cet art n'a pas d'âme.

L'art continue dans cette voie du « comment ». Il se spécialise et n'est plus intelligible que pour les seuls artistes, qui commencent à se plaindre de l'indifférence du public pour leurs œuvres. En général, l'artiste, dans ces périodes, n'a pas besoin de dire grand-chose et un simple « autrement » le fait remarquer et apprécier de certains petits cercles de mécènes et de connaisseurs, qui le prônent (ce qui n'exclut pas des avantages matériels parfois fort importants), de sorte que l'on voit une foule de gens habiles se jeter, avec un talent apparent, sur cet art qui semble si facile à conquérir. Chaque « centre d'art » voit vivre des milliers et des milliers d'artistes de ce genre dont la plupart ne cherchent qu'une nouvelle manière et fabriquent sans enthousiasme, le cœur froid et l'âme endormie, des millions d'œuvres d'art.

La « concurrence » se fait plus vive. La chasse au succès rend la recherche toujours plus superficielle. De petits groupes, qui ont, par hasard, réussi à s'écarter de ce chaos d'artistes et d'images, se retranchent sur les positions conquises. Le public, resté en arrière, regarde sans comprendre, perd tout intérêt pour un tel art et lui tourne tranquillement le dos.

*

Malgré tout cet aveuglement, ce chaos et cette chasse sauvage, le Triangle n'en continue pas moins à avancer et à monter, lentement, sûrement, avec une puissance irrésistible.

Invisible, le nouveau Moïse descend de la montagne, voit la danse autour du veau d'or et, malgré tout, apporte aux hommes une nouvelle sagesse.

Sa parole, inaudible pour les masses, est d'abord entendue par l'artiste. Inconsciemment au début, sans s'en rendre compte lui-même, il suivra l'appel. Déjà la question « comment » contient un germe caché de guérison. Et même si ce « comment » reste en général infructueux, le même « autrement » (ce que l'on nomme encore aujourd'hui « personnalité ») implique une possibilité de ne pas voir dans l'objet la seule matière grossière, mais également ce qui est moins corporel que l'objet de la période

1. *L'impératrice Théodora et ses suivantes.*
Ravenne, mosaïque de San Vitale (cliché Bulloz).

réaliste, reproduit seul, « tel qu'il est », sans fantaisie [1].

Lorsque, en outre, ce « comment » rend les émotions de l'âme de l'artiste et permet de communiquer au spectateur une expérience délicate, l'art atteint le seuil de la voie qui lui permettra de retrouver plus tard le « quoi » perdu, ce « quoi » qui sera le pain spirituel de ce réveil spirituel. Ce « quoi » ne sera plus le « quoi » matériel, orienté vers l'objet de la période précédente, mais un *élément intérieur artistique*, l'âme de l'art, sans laquelle son corps (le « comment ») ne pourra jamais avoir une vie saine et véritable, de la même manière qu'un homme ou un peuple.

Ce « quoi » est le contenu que seul l'art est capable de saisir en soi et d'exprimer clairement par des moyens qui n'appartiennent qu'à lui.

1. On parle souvent ici de ce qui est matériel, de ce qui ne l'est pas et des états intermédiaires considérés comme « plus ou moins » matériels. Tout est-il matière ? Tout est-il esprit ? Les différences que nous faisons entre la matière et l'esprit ne peuvent-elles n'être que des dégradés de la seule matière ou du seul esprit ? L'idée, que la science positive considère comme un produit de l'« esprit », est également matière, non perceptible aux sens grossiers, mais aux fins. L'esprit est-il ce que la main corporelle ne peut toucher ? Il n'est pas possible d'en dire plus à ce sujet dans ce petit ouvrage et il suffit de ne pas tracer de limites trop strictes.

III

TOURNANT
SPIRITUEL

Le Triangle spirituel avance et monte lentement. Aujourd'hui l'une de ses parties les plus
grandes et les plus basses commence à être atteinte
des premiers mots clefs du « credo » matérialiste
– sur le plan de la religion, on attribue à ceux qui
appartiennent à cette section des croyances
diverses; on les croit juifs, catholiques, protes-
tants, etc. En fait, ils sont athées, ce que reconnaissent effectivement les plus audacieux ou les
plus bornés. Le « ciel » est vidé. « Dieu est mort. »
Politiquement, ils sont partisans de la représentation du peuple ou républicains. La peur, le
dégoût, la haine qu'ils avaient hier pour ces opi-
nions politiques, ils l'ont reportée sur l'anarchie,
qu'ils ne connaissent pas et dont le nom seul les
effraie. En matière d'économie, ils sont socialistes.

Ils aiguisent l'épée de la justice pour porter le coup mortel à l'hydre capitaliste et trancher au Mal, la tête.

Les habitants de cette grande section du Triangle ne sont jamais parvenus seuls à la solution d'un problème, car toujours, certains de leurs contemporains, bien supérieurs à eux, se sont sacrifiés pour faire avancer le char de l'humanité, avec lequel ils se laissent tirer, de sorte qu'ils ignorent tout de cet effort et de ces peines, qu'ils n'ont jamais vus que de loin. Ils s'imaginent donc que ce mouvement est facile et croient à quelque recette simple et infaillible.

L'étage immédiatement inférieur se laisse aveuglément entraîner par le précédent. Il se cramponne cependant à la place qu'il a atteinte, renâcle de peur d'être trompé et de s'aventurer dans l'inconnu.

En matière de religion, les étages supérieurs du Triangle ne se contentent pas d'être aveuglément athées, il faut encore étayer cette négation de Dieu par des mots (par exemple celui de Virchow, indigne d'un savant : « J'ai disséqué bien des cadavres et je n'y ai jamais trouvé d'âme »). Politiquement, ils sont encore plus souvent républicains, connaissent les usages parlementaires de divers pays, lisent les éditoriaux politiques des journaux. Pour l'économie, ils sont socialistes de diverses nuances et sont en mesure d'appuyer leurs « convictions » par de nombreuses citations (depuis l'*Emma* de Schweitzer ou la *Loi d'Airain* de Lassalle jusqu'au *Capital* de Marx et bien au-delà).

Dans ces étages supérieurs, on trouve peu à peu d'autres sujets d'intérêt, qui manquaient dans ceux que nous avons évoqués : la science et l'art, auxquels appartiennent également la littérature et la musique.

Sur le plan scientifique, ces hommes sont des positivistes et ne reconnaissent que ce qui peut être pesé ou mesuré. Pour eux, tout le reste n'est que sottises, parfois dangereuses, ce qu'ils pensaient hier des théories aujourd'hui « démontrées ».

En art, ils sont naturalistes, admettant et même appréciant la personnalité, l'individualité et le tempérament de l'artiste ; mais uniquement à l'intérieur de certaines limites définies par d'autres et auxquelles ils croient d'une foi inébranlable.

*

Dans ces sections, plus élevées malgré un ordre évident, malgré la sécurité, et malgré les principes infaillibles, on peut trouver une *peur* cachée, une confusion, un doute, une insécurité, comparables aux sentiments qui naissent dans la tête des passagers d'un grand et solide transatlantique, lorsqu'en haute mer, la terre ferme ayant disparu dans le brouillard, des nuages sombres s'amassent et que le vent, sinistre, soulève la mer en noires montagnes. Et cela, ils le doivent à leur formation. Ils savent que le savant, l'homme d'État, l'artiste, aujourd'hui adulés, n'étaient hier qu'arrivistes, hâbleurs, charlatans méprisés, indignes d'attention.

Et plus on se trouve haut dans le Triangle spirituel, plus la peur et l'insécurité sont visibles et leurs arêtes aiguës. Tout d'abord, on trouve çà et là des yeux capables également de voir par eux-mêmes, des têtes capables de synthèse. Des hommes ainsi doués s'interrogent : la vérité d'avant-hier ayant été remplacée par celle d'hier et celle-ci par celle d'aujourd'hui, la vérité d'aujourd'hui à son tour ne pourrait-elle, d'une manière ou d'une autre, être renversée par celle de demain?

Et les plus audacieux répondent : « C'est dans le domaine des choses possibles. »

Par ailleurs, il se trouve également des yeux capables de voir « ce qui n'a pas encore été expliqué » par la science actuelle. De tels hommes se demandent : « La science arrivera-t-elle, dans cette voie qu'elle suit depuis si longtemps, à la solution de ces énigmes? Et si elle y parvenait, pourra-t-on se fier à sa réponse? »

On trouve également dans ces sections des savants de profession qui peuvent se rappeler l'accueil fait par les Académies à certains faits aujourd'hui reconnus et acceptés par ces mêmes cercles. Il se trouve également parmi eux des spécialistes de l'art qui écrivent des ouvrages profonds, pleins d'appréciations flatteuses pour l'art qui, hier, était insensé. Par ces livres, ils suppriment les barrières que l'art a déjà franchies depuis longtemps et en dressent de nouvelles qui seront, elles, immuablement fixées pour tous les temps. Ce faisant, ils ne s'aperçoivent pas que leurs barrières, ils les établissent derrière l'art et non devant lui. S'ils s'en aperçoivent demain, ils écriront d'autres ouvrages et déplaceront précipitamment leurs barrières. Et cette activité se perpétuera, inchangée, tant qu'il ne sera pas établi que le principe extérieur de l'art ne peut être valable que pour le passé et jamais pour l'avenir. Il ne peut exister une théorie de ce principe pour le reste du chemin, dans le domaine du non-matériel. On ne saurait cristalliser matériellement ce qui n'existe pas encore matériellement. L'esprit qui conduit vers le royaume de Demain ne peut être reconnu que par la sensibilité (le talent de l'artiste étant ici la voie). La théorie est la lanterne éclairant les formes cristallisées de l'« hier » et de ce qui précédait l'hier (voir développement au chap. VII : « Théorie »).

Et si nous montons encore plus haut, nous verrons une confusion plus grande encore, comme dans une grande ville, solide, construite selon toutes les règles de la mathématique architectonique et secouée par des forces incommensurables. Les hommes qui vivent ici vivent réellement dans une telle Cité spirituelle, où s'exercent brutalement ces forces, non prévues par les architectes et mathé-

maticiens spirituels. Ici, un pan de l'épaisse muraille
s'est effondré comme un château de cartes. Là,
une tour colossale, qui atteignait le ciel, constituée
de nombreux piliers spirituels, minces mais
« immortels », gît en ruine. Le vieux cimetière
oublié tremble. De vieilles tombes oubliées
s'ouvrent et des esprits oubliés s'en élèvent. Le
soleil, construit avec tant d'habileté, se couvre de
taches et s'assombrit ; où trouver ce qui le remplacera pour le combat contre l'obscurité ?

Dans cette ville vivent aussi des sourds, qu'une
autre sagesse empêche d'entendre et qui n'ont pas
perçu la chute, ainsi que des aveugles qu'une autre
vérité empêche de voir et ceux-là disent : « Notre
soleil est de plus en plus radieux et nous en verrons
bientôt disparaître les dernières taches. » Mais ces
hommes-là aussi entendront et verront.

*

Plus haut encore on ne *trouve plus trace de peur*.
Un travail s'y poursuit qui ébranle hardiment les
piliers établis par les hommes. Ici aussi nous trouvons des savants de profession, qui étudient sans
cesse la matière, n'ont peur d'aucune question et
finalement mettent en question la matière même
sur laquelle, hier encore, tout reposait, sur laquelle
l'univers entier était appuyé. La théorie des élec-
trons, c'est-à-dire de l'électricité en mouvement
qui tend à remplacer intégralement la matière,

trouve actuellement de hardis pionniers qui, çà et là, franchissent les limites de la prudence et succombent dans la conquête de la nouvelle citadelle scientifique, tels ces soldats, oublieux d'eux-mêmes, se sacrifiant aux autres et périssant dans l'assaut d'une forteresse qui ne veut pas capituler. Mais « il n'y a pas de forteresses qu'on ne puisse prendre ».

*

Par ailleurs se multiplient, ou sont maintenant connus plus souvent, des faits que la science d'hier qualifiait du terme habituel de « mensonge ». Même les journaux, habituels serviteurs du succès et de la plèbe, faisant commerce de « comme vous l'entendez », se voient contraints dans nombre de cas de modérer le ton ironique de leurs comptes rendus sur les « miracles », voire de s'en abstenir. Quelques savants, dont de purs matérialistes, consacrent leurs efforts à l'étude scientifique de faits inexplicables qui ne peuvent plus être niés ou tus [1].

1. Zöllner, Wagner, Butleroff à Pétersbourg, Crookes à Londres, etc. Plus tard Ch. Richet, C. Flammarion (le journal parisien *Le Matin* a même publié les déclarations de ce dernier il y a environ deux ans sous le titre : « Je le constate, mais je ne l'explique pas »). Enfin C. Lombroso, le créateur de l'anthropologie en criminologie, assiste avec Eusapia Palladino à de véritables séances de spiritisme et reconnaît la réalité des phénomènes. Non seulement certains savants travaillent individuellement à de telles recherches, mais des sociétés scien-

*

De plus, enfin, le nombre augmente de ceux qui ont perdu tout espoir dans les méthodes de la science matérialiste pour toutes les questions qui ont trait à la « non-matière » ou à une matière qui n'est pas accessible à nos sens. Et comme dans l'art qui se tourne vers les primitifs, ces hommes cherchent une aide dans les périodes presque oubliées et leurs méthodes. Ces méthodes sont cependant encore vivantes chez certains peuples que nous avions coutume de regarder avec mépris et pitié du haut de nos connaissances.

À ces peuples appartiennent par exemple ceux des Indes qui soumettent de temps à autre à nos savants des faits inexplicables, soit passés inaperçus, soit expliqués en quelques phrases ou quelques mots superficiels, comme on chasse une mouche importune [1].

Mme H.P. Blawatzky a certainement été la première à établir, après des années de séjour aux Indes, un lien solide entre ces « sauvages » et notre culture. À cette époque naquit l'un des plus grands

tifiques se créent progressivement et orientent leurs études dans le même sens (par exemple la Société des Études psychiques, à Paris, qui organise même des tournées en province afin d'informer le public, avec une entière objectivité, des résultats obtenus).

1. On se sert volontiers dans ces cas-là du terme d'hypnose, cette même hypnose que, dans la forme primitive du mesmérisme, diverses Académies ont traitée avec tant de dédain.

2. Baegert Dieric, *Crucifixion.*
Munich, Bayer Staats-Gemäldesammlungen
(cliché du Musée).

mouvements spirituels unissant aujourd'hui un
grand nombre d'hommes, et matérialisant cette
union sous forme de la « Société de Théosophie ».
Cette société est composée de Loges qui tentent
d'approcher les problèmes de l'esprit par la voie
de la connaissance intérieure. Leurs méthodes, en
opposition totale avec celles des positivistes, sont,
à la base, dérivées de ce qui a déjà été fait et sont
ramenées à une forme relativement précise [1].

La théorie théosophique, qui est la base de ce
mouvement, a été établie par Blawatzky sous forme
d'un catéchisme dans lequel l'élève trouve les
réponses précises du théosophe aux questions qu'il
est amené à se poser [2]. Selon la définition de Blawatzky, la théosophie est synonyme de *vérité éternelle* (p. 248) : « Un nouveau messager de la vérité
trouvera, grâce à la Société de Théosophie, une
humanité prête à l'entendre ; il existera des formes
d'expression desquelles il pourra habiller les nouvelles vérités ; une organisation qui, dans une certaine mesure, attendra sa venue pour débarrasser
sa route des obstacles et des difficultés matérielles »
(p. 250). Et Blawatzky admet qu'« au XXIᵉ siècle le
monde sera devenu un Paradis en comparaison
avec ce qu'il est aujourd'hui » – et c'est là la conclusion de son livre. De toute façon d'ailleurs, même

---

1. Cf. par exemple *Théosophie* du Dʳ Steiner et ses articles
sur les sentiers de la connaissance dans *Lucifer-Gnosis.*
2. H.P. Blawatzky, *La clef de la Théosophie*, Leipzig, Max
Altmann, 1907. Ce livre parut à Londres en 1889.

si la tendance des théosophes à construire une théorie et leur joie, peut-être prématurée, de pouvoir bientôt remplacer l'immense et éternel point d'interrogation par une réponse peuvent provoquer un certain scepticisme de la part de l'observateur, ce grand mouvement spirituel n'en demeure pas moins un puissant ferment dans l'atmosphère spirituelle et peut, même sous cette forme, atteindre comme un signal de délivrance plus d'un cœur désespéré en proie aux ténèbres et à la nuit. Ce sera une main qui guidera et soutiendra.

*

Lorsque la religion, la science et la morale (cette dernière par la rude main de Nietzsche) sont ébranlées et lorsque les appuis extérieurs menacent de s'écrouler, l'homme détourne ses regards des contingences extérieures et les ramène *sur lui-même*.

La littérature, la musique, l'art sont les premiers et les plus sensibles des domaines dans lesquels apparaîtra réellement ce tournant spirituel. En effet, ils reflètent l'image sombre du présent, devinent la grandeur, cette petite tache que ne remarquent qu'un petit nombre et qui n'existe pas pour la grande foule.

Ils reflètent la grande obscurité qui approche. Ils s'obscurcissent eux-mêmes et deviennent sinistres.

Par ailleurs, ils se détournent du contenu sans âme de la vie actuelle et se consacrent à des matières ou à des environnements qui laissent libre cours à la tendance et à la quête des âmes altérées.

En littérature, Maeterlinck est l'un de ces poètes. Il nous entraîne dans un monde que l'on appelle fantastique, mais que l'on dirait plus justement surnaturel. Sa princesse Maleine, les Sept Princesses, Les Aveugles, etc., *ne sont pas des hommes* de temps révolus, comme le sont à nos yeux les héros stylisés de Shakespeare. Ce sont vraiment des âmes qui cherchent dans le brouillard, que le brouillard menace d'étouffer et sur lesquelles plane une sombre et invisible puissance. L'obscurité spirituelle, l'insécurité de l'ignorance et la peur de cette ignorance sont le monde de ses héros. Ainsi Maeterlinck est-il peut-être l'un des premiers prophètes, l'un des premiers visionnaires et annonciateurs de la déchéance dont nous avons parlé. L'obscurcissement de l'atmosphère spirituelle, la main qui, tout à la fois, détruit et guide, la terreur qu'elle inspire, la voie perdue, le guide absent se retrouvent nettement dans ses œuvres [1].

1. Parmi ces visionnaires de la déchéance se range en première ligne Alfred Kubin. Une force irrésistible nous attire dans l'horrible atmosphère du vide dur. Cette violence se dégage des dessins de Kubin comme elle s'étale dans son roman *L'autre côté.*
Variante de la note, dans l'édition russe : Presque toute la littérature russe avec, dans ce domaine, l'incomparable génie de Dostoïevski, est un miroir dans lequel le lecteur voit la noirceur de l'abîme et le désespoir d'hier. Nous trouvons chez

L'atmosphère est surtout rendue par des moyens purement artistiques, les moyens matériels (forteresses sinistres, nuits de lune, marécages, vents, hiboux, etc.) jouant plutôt un rôle symbolique et étant plutôt utilisés comme résonance intérieure [1].

La grande ressource de Maeterlinck est le mot.

Tchékov la forme la plus réelle d'une vie réelle étouffante. Pour ce qui est des peintres occidentaux, il faut compter, avant tout, parmi les prophètes de la chute du vieux monde, Alfred Kubin, d'origine slavo-autrichienne. Il nous entraîne avec une force irrésistible dans la terrible atmosphère d'un vide dense. Cette force s'exprime aussi bien dans ses dessins que dans son roman *L'autre côté*.

1. Quand certains de ses drames furent montés à Saint-Pétersbourg sous sa propre direction, Maeterlinck utilisa, au cours d'une répétition, un simple morceau de toile pour remplacer un élément de décor – une tour – manquant. Il ne lui semblait pas nécessaire de faire fabriquer un décor avec tous les détails. Il faisait comme les enfants, les plus grands imaginatifs de tous les temps, qui, en jouant, font d'un bâton un cheval, de cocottes en papier un régiment de cavalerie et il leur suffit d'un pli pour transformer un cavalier en cheval (Kügelgen, *Souvenirs d'un vieil homme*). Cette tendance à stimuler l'imagination du spectateur joue un grand rôle dans le théâtre contemporain. Dans cet ordre d'idées, le théâtre russe a beaucoup fait et beaucoup obtenu. C'est là une transition nécessaire du matériel au spirituel dans le théâtre de l'avenir.

Variante dans l'édition russe : On rapporte qu'au moment de la mise en scène de ses pièces à Pétersbourg, lors des répétitions, Maeterlinck remplaça une tour qui manquait par un simple morceau de toile. En cette circonstance, il se conduisit donc comme les enfants, les plus grands créateurs de tous les temps, qui transforment un bâton en cheval, un morceau de papier en cavalier, ce qui a été décrit avec la merveilleuse simplicité allemande dans *Souvenirs d'un vieil homme* de Kügelgen. Ce désir de faire passer chez les adultes ce don enfantin de création intérieure joue un grand rôle dans le théâtre contemporain. De ce point de vue, le théâtre russe a fait beaucoup d'essais, réussis et intéressants. C'est là un degré nécessaire pour passer du matériel au spirituel dans le *théâtre*

Le mot est une *résonance intérieure*. Cette résonance intérieure est due en partie (sinon principalement) à l'objet que le mot sert à dénommer.
Mais si on ne voit pas l'objet lui-même, et qu'on
l'entend simplement nommer, il se forme dans la
tête de l'auditeur une représentation abstraite, un
objet dématérialisé qui éveille immédiatement dans
le « cœur » une vibration. Ainsi *l'arbre vert, jaune,
rouge* dans la prairie n'est qu'un cas matériel, une
forme matérialisée fortuite de l'arbre que nous
ressentons au son du mot, arbre. L'emploi habile
(selon l'*intuition* du poète) d'un mot, la répétition
intérieurement nécessaire d'un mot, deux fois, trois
fois, plusieurs fois rapprochées, peuvent aboutir
non seulement à une amplification de la résonance
intérieure, mais aussi à faire apparaître certaines
capacités spirituelles insoupçonnées de ce mot.
Enfin, par la répétition fréquente (jeu auquel se

de l'avenir. Le spectateur s'habitue peu à peu à des perceptions
abstraites et finalement cela constitue un entraînement de ses
sens à percevoir une action abstraite sur scène, action qui sera
ressentie dans les profondeurs par une âme réceptive. Alors
deviendra possible la perception intérieure d'une action purement scénique qui ne sera pas assaisonnée du récit d'une action
réelle tirée de la « vie » réelle. L'œuvre scénique aura ainsi la
possibilité d'être autonome et libérée des problèmes quoti-
diens de la « vie », problèmes politiques, éthiques, amoureux,
et elle n'éveillera pas chez le spectateur de sentiments joyeux
ou tristes et de réflexions au sujet de la destinée des personnages. Cette dernière reviendra à la vie d'où elle a été tirée,
comme un pont entre la forme appliquée de l'art et la forme
pure. Voir à ce sujet mon article sur la composition scénique
paru d'abord dans *Der blaue Reiter* puis dans la revue *Izobra-
zitelnoïe Iskoustvo* en 1919.

livre la jeunesse et que l'on oublie plus tard) un mot perd le sens extérieur de sa désignation. De même se perd parfois le sens devenu abstrait de l'objet désigné et seul subsiste, dénudé, le *son* du mot. Inconsciemment nous entendons peut-être ce son « pur » en consonance avec l'objet, réel ou ultérieurement devenu abstrait. Dans ce dernier cas cependant, ce son pur passe au premier plan et exerce une pression directe sur l'âme. L'âme en vient à une vibration sans objet encore plus complexe, je dirais presque plus « surnaturelle » que l'émotion ressentie par l'âme à l'audition d'une cloche, d'une corde pincée, de la chute d'une planche, etc. La littérature d'avenir peut trouver là de grandes possibilités [1]. Sous une forme embryonnaire cette puissance du mot a déjà été employée par exemple dans les *Serres chaudes.* Lorsque Maerterlinck en use, un mot, neutre au premier abord, peut prendre une signification sinistre. Un mot simple, d'usage courant (par exemple cheveux), peut, dans une application convenablement *ressentie,* donner une impression de désespoir, de tristesse définitive. Et c'est cela le grand art de Maeterlinck. Il montre la voie dans laquelle on apprend rapidement que le tonnerre, l'éclair, la lune derrière les nuages rapides sont des

---

1. Note en russe, peu lisible : Ces lignes ont été écrites en 1910. Depuis est apparu ...[langage?] .... et pour une poésie .... [les dimensions?] de ce petit livre, malheureusement, ne me permettent pas de m'arrêter...

moyens matériels extérieurs qui, sur scène, plus encore que dans la nature ressemblent au « croque-mitaine » des enfants. Les moyens véritablement intérieurs ne perdent pas si facilement leur force et leur effet [1]. Et le *mot,* qui a ainsi deux sens – le premier, direct et le second, intérieur –, est le matériau pur de la *poésie* et de la littérature, le matériau dont seul cet art peut user et par lequel il parle à l'âme.

R. Wagner a fait quelque chose de semblable en *musique.* Son célèbre leitmotiv tend également à caractériser le héros, non pas seulement au moyen d'accessoires de théâtre, de fards ou d'effets de lumière, mais par un certain *motif* précis, c'est-à-dire par un procédé *purement musical.* Ce motif est une sorte d'atmosphère spirituelle exprimée musicalement qui précède le héros, et l'entoure quand il paraît d'un rayonnement invisible [2].

Les musiciens les plus modernes, comme *Debussy,* reproduisent des impressions *spirituelles* qu'ils empruntent souvent à la nature et transforment en images spirituelles sous une forme purement musicale. Debussy est parfois comparé très juste-

1. Ceci apparaît nettement à la comparaison des œuvres de Maeterlinck et de Poe. C'est là également un exemple de l'évolution des procédés artistiques du matériel vers l'abstrait.
2. De nombreuses expériences ont montré qu'une telle atmosphère spirituelle n'est pas seulement le propre des héros, mais qu'elle peut émaner de tout être humain. Les sensitifs ne peuvent, par exemple, rester dans une pièce où a séjourné, sans même qu'ils le sachent, une personne qui leur est spirituellement insupportable.

ment aux Impressionnistes, car on prétend que, de la même manière que ces peintres, il interprète librement la nature dans ses compositions, à grands traits personnels. La vérité de cette affirmation n'est qu'un exemple du profit réciproque que les différentes branches de l'art tirent les unes les autres, ainsi que de l'identité de leurs buts. Il serait cependant téméraire de prétendre que cette définition suffit à rendre compte de l'importance de Debussy. Malgré cette affinité avec les Impressionnistes, il est si fortement tourné vers le contenu intérieur que l'on reconnaît immédiatement dans ses œuvres le son fêlé de l'âme actuelle avec toutes ses souffrances et ses nerfs ébranlés. Et par ailleurs Debussy ne recourt jamais, même dans ses œuvres « impressionnistes », à une note tout à fait matérielle qui est la caractéristique de la musique à programme et se borne à exploiter la valeur *intérieure* du phénomène.

[Si j'ai l'air de mentionner avec reproche, de façon complètement négative, la musique à programme, c'est que je pense uniquement à ces tentatives très maladroites et, surtout, inconséquentes, qui ont été faites jusqu'à présent ou, pour être plus exact, les tentatives dont j'ai eu connaissance. Je ne prends pas sur moi de condamner le principe même de la musique à programme qui, comme je le pressens, trouvera à l'avenir la forme abstracto-réaliste qui lui est indispensable. Si *tous* les procédés d'expression doivent être accessibles à l'artiste, il n'en demeure pas moins que le désir de limiter l'ensemble de ses moyens d'expression en lui ôtant les procédés « réalistes » serait illogique et répugnerait à une âme libre. Toute limitation n'est dictée que par le temps, par l'intermédiaire d'une nécessité intérieure et par conséquent, toute limitation ne peut être que provisoire. De la même façon, seul le temps ouvre de nouvelles perspectives et offre de nouvelles solutions à de nouveaux problèmes. Il serait absurde et regrettable d'édicter des lois et de vouloir modifier selon notre bon vouloir cette force qui ne se laisse ni mesurer ni analyser. Notre époque est celle de la Grande Séparation entre le réel et l'abstrait et celle de l'épanouissement de ce dernier. Mais quand le nouveau « réalisme » transformé, et par de nouveaux procédés et par un point de vue qui nous échappe encore, connaîtra son épanouissement et donnera ses fruits, alors peut-être résonnera un accord (abstrait-réel) qui sera une nouvelle révélation céleste. Mais ce sera alors une *pure biphonie* opposée à l'*impur mélange* des deux formes qu'on observe actuellement. Au sujet de l'égalité *intérieure* de l'abstraction et du réalisme en peinture, voir mon article « Problèmes de la forme » [1].]

La musique russe (Moussorgsky) a exercé une grande influence sur Debussy. Il n'y a donc rien

---

1. [   ] : Partie ajoutée dans le texte en russe.

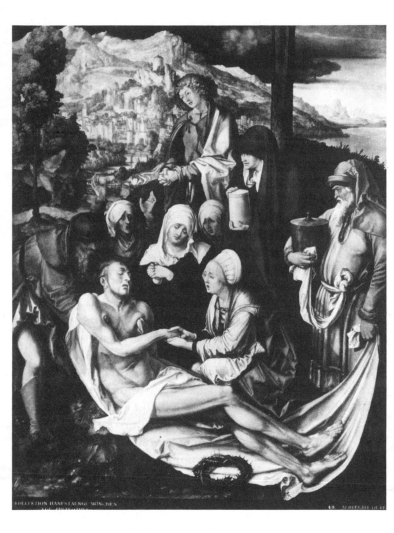

3. Albert Dürer, *Descente de croix.*
Munich, Alte Pinakothck (cliché Hanfstaengl-Giraudon).

de surprenant à ce qu'il ait une certaine parenté avec les jeunes compositeurs russes, en particulier avec Scriabine. Leurs compositions ont certaines parentés de résonance intérieure. Et la même faute indispose souvent l'auditeur. C'est-à-dire que parfois il arrive que les deux compositions soient entraînées loin des « nouvelles » « laideurs » et succombent au charme de la « beauté » plus ou moins conventionnelle. L'auditeur se sent parfois offensé au plein sens du terme car on le projette comme une balle de tennis par-dessus le filet qui sépare deux partis adverses : celui du « beau » extérieur et celui du « beau » intérieur. Ce beau intérieur est le beau auquel on a recours par une nécessité intérieure impérative en renonçant au beau conventionnel. À celui qui n'y est pas habitué, ce beau intérieur paraîtra *évidemment* laid, car l'homme tend en général vers l'extérieur et ne reconnaît pas volontiers la nécessité intérieure. (Et cela tout particulièrement aujourd'hui!) Avec un refus total du beau habituel, saluant comme sacrés *tous* les moyens d'expression personnelle, le compositeur viennois Arnold Schönberg est encore à l'heure actuelle seul, uniquement reconnu par quelques rares enthousiastes. Ce « faiseur de réclame », ce « charlatan », cet imposteur écrit dans son traité d'harmonie : « Toute consonance, toute progression est possible. Je sens cependant déjà aujourd'hui qu'il existe ici aussi certaines conditions, dont il dépend que j'emploie telle ou telle dissonance [1]. »

Ici Schönberg se rend clairement compte que la plus grande liberté, qui est l'air dont l'art a besoin pour respirer librement, ne peut être absolue. À chaque époque correspond une certaine mesure de *cette* liberté. Et le plus grand génie ne saurait dépasser les limites de cette liberté. Mais cette mesure doit être épuisée et l'est entièrement chaque fois. Le chariot peut se rebiffer autant qu'il le veut! Schönberg essaie d'épuiser cette liberté et a déjà, sur le chemin vers la nécessité intérieure, découvert certains trésors de la *nouvelle beauté*. La musique de Schönberg nous introduit à un Royaume où les émotions musicales ne sont pas acoustiques mais *purement spirituelles*. Ici commence « la musique de l'avenir ».

[La nécessité impérieuse de trouver des « formes nouvelles » s'est fait sentir. Et aujourd'hui ces « formes nouvelles » ne sont que ces mêmes formes « éternelles » (à l'heure actuelle) de l'art, formes « pures », qu'on a grattées sur l'épaisse couche d'un substrat trop matériel, elles sont le pur langage de l'art. Peu à peu et cependant, comme en un instant, les arts ont commencé à faire appel, non pas à des éléments d'expression fortuits et peut-être étrangers à l'art, mais à des moyens sans lesquels nous ne connaissions pas tel ou tel art, sans lesquels nous

---

1. « Die Musik », X, 2, p. 104, extrait du *Traité d'harmonie*, « Universal Edition » Éditeur.

ne pouvions pas nous l'imaginer et que nous tenons pour son langage éternel : en littérature – le mot, en musique – le son, en sculpture – le volume extérieur, en architecture – la ligne [a], en peinture – la couleur [b]. Ici je suis obligé de me limiter à ces indications trop schématiques et peu précises [1].]

Aux idéaux « réalistes » succèdent en *peinture* les tendances impressionnistes. Ces dernières aboutissent, sous leur forme dogmatique et avec leurs buts purement naturalistes, à la théorie du néo-impressionnisme, qui, dans le même temps, touche à l'abstrait. Cette théorie (qu'ils considèrent comme universelle) ne consiste pas à fixer sur la toile un morceau fortuit de nature, mais à montrer la nature entière dans sa magnificence et son éclat [2].

Sensiblement vers la même époque nous pouvons noter trois apparitions totalement différentes : 1. Rossetti et son élève Burne-Jones avec leurs successeurs, 2. Böcklin et Stuck qui procède de lui, ainsi que leurs successeurs, 3. Segantini qui traîne à sa suite d'indignes imitateurs.

---

1. [   ] : Partie du texte russe que Kandinsky avait prévu de rajouter dans la 4ᵉ édition.

a. Le mot « ligne », barré dans la correction de l'édition russe, est remplacé par « volume » suivi d'un mot illisible puis de « intérieur ».

b. Le terme « les couleurs » (comprises comme « les couleurs du tube ») est remplacé dans l'édition russe annotée par « la couleur » au sens général du terme.

2. Voir par exemple Signac, *De Delacroix au néo-impressionnisme,* éd. all. Axel Juncker, Charlottenbourg, 1910.

Ces trois noms ont été choisis afin de caractériser la recherche dans des domaines non matériels. Rossetti s'est tourné vers les Préraphaélites et a tenté de faire revivre leurs formes abstraites. Böcklin s'est tourné vers la mythologie et la légende, revêtant, à l'opposé de Rossetti, ses formes abstraites de formes matérielles très développées. Apparemment le plus matériel de cette série, Segantini prit des formes parfaites de la nature, les travaillant parfois jusqu'au plus infime détail (par exemple des chaînes de montagnes, ainsi que des pierres et des animaux), et parvint toujours, malgré la forme visiblement matérielle, à créer des images abstraites, ce qui fait peut-être de lui le plus immatériel de tous.

Ceux-là sont les chercheurs de l'intérieur, dans l'extérieur.

D'une manière différente, plus proche des *moyens purement picturaux*, Cézanne cherchait également la nouvelle loi de la forme. Il savait faire d'une tasse à thé une créature douée d'une âme, ou plus exactement reconnaître dans cette tasse un être. Il élève la « nature morte [1] » à un niveau tel que les objets extérieurement « morts » deviennent intérieurement vivants. Il traite ces objets de la même façon que l'homme, car il avait le don de voir partout la vie intérieure. Il l'exprime en couleurs, qui deviennent une *note intérieure picturale*

---

1. *En français dans le texte.*

et lui donne une forme réductible à des formules à résonance abstraite, rayonnantes d'harmonie, souvent mathématiques. Ce n'est pas un homme, une pomme, un arbre qui sont représentés, mais tout ce qui est utilisé par Cézanne pour la création d'une chose peinte à sonorité intérieure que l'on nomme image. C'est également de ce nom que l'un des plus grands peintres français désigne lui aussi ses œuvres – Henri *Matisse*. Il peint des « images » et dans ces « images », il cherche à rendre le « divin [1] ». Pour atteindre ce but, il ne lui faut rien de plus que l'objet *comme base* (un homme ou autre chose, peu importe) et la peinture et ses seuls moyens – *couleur et forme.*

Guidé par ses dons exceptionnels, particulièrement doué comme coloriste en tant que Français, Matisse, dans ses œuvres, met l'accent sur la couleur et parfois lui donne la part prépondérante. Comme Debussy, longtemps, il n'a pas su se libérer de la beauté conventionnelle : il a l'impressionnisme dans le sang. Ainsi, on trouve chez Matisse, parmi les images d'une très grande vie intérieure, créées sous l'impulsion d'une (grande) nécessité intérieure, des toiles exécutées à la suite d'une excitation extérieure ou en raison d'un stimulant tout extérieur (et l'on pense alors à Manet!) et qui n'ont en partie, ou exclusivement, qu'une vie extérieure. Il atteint alors une beauté glacée de la

---

1. Cf. *Kunst und Künstler*, 1909, fascicule VIII.

peinture, spécifiquement française, gourmande, purement mélodique.

[Ici s'ouvrent les voies d'objectivisation de l'art où l'artiste n'est rien d'autre qu'un instrument secret et caché aux regards alors que l'œuvre elle-même a l'air d'être tombée toute prête du ciel : la pulsation de l'artiste ne s'entend plus dans l'œuvre, cette dernière vit avec ses propres pulsations. Lorsque nous regardons un arbre, nous ne pensons pas aux conditions ignorées qui l'ont fait venir à la vie et qui ont déterminé sa forme. Nous le percevons comme une chose qui vit indépendamment et qui a sa propre respiration, comme séparément des autres créatures. Lorsque nous sommes dans le tramway, nous voyons une succession de silhouettes et de visages, des créatures humaines séparées les unes des autres par les obstacles de leur propre destin, éloignées les unes des autres par les limites bien nettes de l'existence objective. Ces gens qui voyagent dans le même wagon, qui sont du même pays, de la même ville, sont aussi différents les uns des autres qu'un lion, une girafe, un éléphant, un singe, un ours, un zèbre et un morse tombés dans la cage d'un même jardin zoologique. Chacune de ces créatures représente une unité parfaitement adaptée et d'une extrême beauté. Si la peinture française en général, et la peinture de Matisse en particulier, s'est toujours trouvée sur la voie de cette perfection poignante sans jamais l'atteindre, cela s'explique par un élément propre à cette nation qui est la tendance à pencher vers la joliesse extérieure de la couleur et son incapacité à créer un dessin objectivement intériorisé.

Ainsi s'explique l'extrême schématisme et pour une grande part le caractère artificiel des tentatives françaises dans le domaine du dessin et de sa forme globale, la construction (exemple : le cubisme). Il est remarquable de constater que le chercheur le plus énergique et le plus conséquent dans ce domaine est l'Espagnol Picasso. Naturellement soumis à la mélancolie hispano-mauresque, il est comme éclairé par la tristesse du soleil couchant, mais il ne cède cependant jamais à la séduction extérieure de la beauté purement française, bien qu'il faille chercher les racines de son art dans le sol parisien.

Dès ses toutes premières œuvres (venues à la vie par les observations mélancoliques d'un Oriental occidentalisé), Picasso a trouvé le point de départ de ses recherches formelles inquiètes et multiples en priorité en dehors du milieu français. Il doit l'aboutissement de ses recherches à l'art nègre, c'est-à-dire à un art primitif qui a la coloration orientale des peuples arrivés à leur déclin. Il est attiré ici par le parfum des fleurs fanées, touchantes dans leur simplicité et leur naturel. Toute une série de peintres français et, à leur suite, de peintres étrangers s'est lancée dans cette voie nouvellement ouverte ; c'est de là que part le mouvement du cubisme auquel je reviendrai plus longuement dans la seconde partie [1].]

L'Espagnol Pablo *Picasso,* cet autre grand Parisien, n'a jamais succombé à *cette* beauté. Toujours poussé par le besoin de s'extérioriser, parfois emporté par sa fougue, Picasso se jette d'un moyen extérieur vers l'autre. Si un abîme les sépare, Picasso le franchit d'un bond insensé et déjà il est sur l'autre bord, au grand effroi de la cohorte extraordinairement compacte de ses successeurs; ils croyaient à l'instant l'avoir atteint. Et il ne reste qu'à recommencer avec tous les hauts et les bas. Ainsi naquit le dernier mouvement « français », le cubisme, que nous verrons en détail dans la seconde partie de ce livre.

Picasso essaie d'atteindre le constructif par des rapports numériques. Dans ses dernières œuvres (1911) [2], il aboutit par la voie de la logique à la destruction de ce qui est matériel, non par dissolution, mais par une sorte de morcellement des divers éléments constitutifs et la dispersion constructive de ces pièces sur la toile. Ce faisant, il semble, chose étonnante, vouloir garder l'apparence du matériel [3]. Picasso ne recule devant

1. [   ] : Dans l'édition russe, variante.
2. Dans le texte russe : « à partir de 1911 ».
3. Note figurant dans le texte russe : La crainte de perdre l'apparence réelle est dangereuse, elle empêche jusqu'à un certain point le progrès. Celui qui n'avance pas recule. C'est ainsi que sous nos yeux se produit en France un retour à la grande sonorité du naturalisme.

aucun moyen et si la couleur le gêne pour une forme pure de dessin, il la jette par-dessus bord et peint son tableau en brun et blanc. Ces problèmes sont sa force principale. Matisse – couleur, Picasso – forme. Deux grandes indications vers un grand but.

IV

LA PYRAMIDE

Ainsi les différents arts se mettent-ils lentement en chemin pour dire ce qu'ils peuvent le mieux dire et ce par les moyens que chacun d'eux possède exclusivement.

Et, en dépit de cet isolement, ou grâce à lui, jamais les arts, en tant que tels, n'ont été aussi proches les uns des autres, ces temps derniers, qu'en ces dernières heures du Tournant spirituel.

Dans tout ce qui vient d'être dit nous trouvons les germes de la tendance vers le non-naturel, l'abstrait et la *nature intérieure*. Consciemment ou non, ils obéissent au mot de Socrate : « Connais-toi toi-même. » Consciemment ou non, les artistes se penchent peu à peu sur leur matériau, l'essaient, pèsent sur la balance de l'esprit la valeur intérieure des différents éléments par lesquels leur art est en mesure de créer.

Il s'ensuit naturellement de cette recherche une *comparaison* des éléments propres dont on dispose avec ceux d'un autre art. Dans cet ordre d'idées les comparaisons avec la musique sont les plus riches d'enseignement. Depuis des siècles, et à quelques exceptions et déviations près, la musique est l'art qui utilise ses moyens, non pour représenter les phénomènes de la nature, mais pour exprimer la vie spirituelle de l'artiste et créer une vie propre des sons musicaux.

Un artiste qui ne voit pas, pour lui-même, un but dans l'imitation, même artistique, des phénomènes naturels et qui est créateur, et veut et doit exprimer son *monde intérieur*, voit avec envie avec quel naturel et quelle facilité ces buts sont atteints dans l'art le plus immatériel à l'heure actuelle : la musique. Il est compréhensible qu'il se tourne vers elle et cherche à trouver dans son art les mêmes moyens. De là découle la recherche actuelle de la peinture dans le domaine du rythme, des mathématiques et des constructions abstraites, la valeur que l'on accorde maintenant à la répétition du ton coloré, la manière dont la peinture est mise en mouvement, etc.

Cette comparaison des moyens des différents arts et cet enseignement réciproque entre les différentes branches de l'art ne peuvent être fructueux que si cet enseignement dépasse l'extérieur et porte sur les principes. Cela veut dire qu'un art doit apprendre d'un autre comment il utilise *ses* moyens afin d'utiliser ensuite ses *propres* moyens selon les *mêmes principes*, c'est-à-dire selon le principe qui lui est *propre*. Lors de cet apprentissage, l'artiste ne doit pas oublier que chaque moyen implique un mode d'utilisation particulier et que c'est *ce* mode qui est à découvrir.

Dans l'utilisation de la forme, la musique peut aboutir à des résultats qui resteront inaccessibles à la peinture. En revanche, la musique le cède sur d'autres points à la peinture. Par exemple, la musique dispose du temps, de la durée. La peinture, si elle ne dispose pas de cet avantage, peut de son côté donner au spectateur tout le contenu de l'œuvre en un instant, ce que ne peut donner la musique [1]. La musique, qui est extérieurement totalement émancipée de la nature, n'a pas besoin d'emprunter ailleurs des formes extérieures pour son langage [2]. La peinture, à l'heure actuelle, est

1. Ces différences doivent, comme tout au monde, être comprises dans un sens relatif. Dans un certain sens, la musique peut éviter la durée et la peinture utiliser cette durée. Comme on dit, toutes les affirmations n'ont qu'une valeur relative.
   Note de l'édition russe, variante : (Par exemple, une œuvre musicale vit dans notre souvenir et comme un tableau, c'est-à-dire simultanément par toutes ses parties essentielles), tandis que la peinture utilise cette durée (les éléments d'un tableau habilement dissimulés peuvent, au moyen de certains procédés, entrer dans le champ de vision du spectateur uniquement par la suite ; c'est la même chose pour des faits entrant dans le domaine du « contre-point pictural »).
2. La musique programmatique conçue trop étroitement

encore presque totalement liée aux formes naturelles, aux formes empruntées à la nature. Sa tâche,
maintenant, est d'étudier ses forces et ses moyens,
d'apprendre à les connaître, comme la musique l'a
fait depuis longtemps, et d'essayer d'utiliser ces
forces et ces moyens d'une manière qui ne doive
rien qu'à elle-même en vue de la création [1].

est une démonstration des piètres résultats que l'on peut
attendre de tentatives d'utilisation des moyens de la musique
pour rendre des formes extérieures. De tels essais ont été faits
naguère. Des coassements de grenouilles ; des chants de basse-
cour, l'affûtage des couteaux, autant d'imitations dignes tout
au plus d'une scène de variétés et qui peuvent être considérées
comme une plaisanterie assez drôle. Elles doivent être bannies
de la musique sérieuse et ne peuvent être que des exemples
instructifs des dangers qu'il y a à vouloir « rendre la nature ».
La nature a sa propre voix, à l'action irrésistible. Ce langage
ne saurait être imité. Si, par les moyens de la musique, on
cherche à créer l'atmosphère de la nature, par exemple un
poulailler, en essayant de créer cette ambiance pour le spectateur, il apparaît clairement que c'est là une tâche aussi
impossible qu'inutile. Une telle atmosphère peut être créée
par n'importe quel art, non pas par l'imitation extérieure de
la nature, mais par la restitution artistique de cette ambiance
dans sa valeur *intérieure*.
    Variante de l'édition russe : Ces lignes ont été écrites en
1908. L'édition allemande de ce livre a montré qu'elles ont
provoqué des malentendus et l'on m'a accusé d'identifier
complètement la musique et la peinture pour ce qui est de
leurs moyens d'expression, et de vouloir dans mes tableaux
« transposer la musique sur une toile ». De tels malentendus
ne peuvent s'expliquer que par une lecture superficielle des
lignes mentionnées. Je ne me sens pas obligé d'analyser l'action psychique des éléments de la musique. Mais je me sens
obligé de m'arrêter sur les principaux points de l'analyse des
éléments de la peinture. Un lecteur attentif n'aura pas de mal
à en tirer les conclusions qui s'imposent.
    1. Variante de l'édition russe : Sur la valeur des formes
réalistes, voir la remarque faite plus haut ainsi que les notes
à la fin de ce livre.

Ainsi l'approfondissement en soi-même sépare-t-il les arts les uns des autres, cependant que la comparaison les rapproche dans la recherche *intérieure*. On s'aperçoit ainsi que chaque art a ses propres forces qui ne sauraient être remplacées par celles d'un autre. On en vient ainsi finalement à l'unification des forces propres de différents arts. De cette unification naîtra avec le temps l'art que nous pouvons déjà entrevoir, le véritable *art monumental*.

Et quiconque approfondit les trésors *intérieurs* cachés de son art est à envier, car il contribue à élever la pyramide spirituelle, qui atteindra le ciel.

B

PEINTURE

V

ACTION DE
LA COULEUR

Lorsqu'on laisse les yeux courir sur une palette couverte de couleurs, un double effet se produit :

1. Il se fait un effet *purement physique*, c'est-à-dire l'œil lui-même est charmé par la beauté et par d'autres propriétés de la couleur. Le spectateur ressent une impression d'apaisement, de joie, comme un gastronome qui mange une friandise. Ou bien l'œil est excité comme le palais par un mets épicé. Il peut également être calmé ou rafraîchi comme le doigt qui touche de la glace. Ce sont là, en tout cas, des sensations physiques qui, en tant que telles, ne peuvent être que de courte durée. Elles sont superficielles et s'effacent rapidement, sitôt que l'âme demeure fermée. De même qu'en touchant la glace on ne peut ressentir que la sensation du froid physique et que l'on oublie

cette sensation dès que le doigt se réchauffe, on oublie aussi l'effet physique de la couleur dès que l'œil s'en détache. Et de même que la sensation physique du froid de la glace, lorsqu'elle pénètre plus profondément, éveille d'autres sensations plus profondes et peut évoquer toute une chaîne d'événements psychiques, l'impression superficielle de la couleur peut se développer jusqu'à devenir un événement.

Seuls les objets habituels ont un effet totalement superficiel sur un homme de sensibilité moyenne. Ceux par contre que nous voyons pour la première fois font immanquablement un certain effet sur nous. C'est ainsi qu'un enfant ressent le monde dans lequel chaque objet est une nouveauté. Il voit la lumière, est attiré, veut la saisir, se brûle les doigts. Désormais, il aura pour la flamme de la crainte et du respect. Il apprend ensuite qu'outre ses côtés hostiles, la lumière en a d'agréables, elle chasse l'obscurité, elle prolonge le jour, elle peut chauffer, cuire et parfois fournir un gai spectacle. Avec ces expériences, il aura fait connaissance avec la lumière et ce qu'il en sait sera enregistré par le cerveau. L'intérêt *très intensif* s'atténuera et le fait que la flamme peut offrir un spectacle lutte contre l'indifférence totale. Peu à peu, le monde se désenchante. On sait que les arbres donnent de l'ombre, que les chevaux courent vite et que les automobiles vont plus vite encore, que les chiens mordent, que la lune est loin, que l'homme dans le miroir n'est qu'une apparence.

Et ce n'est qu'avec un développement plus complet de l'homme que le cercle des caractéristiques des différents objets et êtres continue à s'élargir. Si ce développement va assez loin, ces objets et ces êtres acquièrent une valeur intérieure et finalement une *résonance intérieure.* Il en est de même pour la couleur, qui, sur une sensibilité spirituelle faible, ne peut produire qu'un effet superficiel, un effet qui disparaît dès que cesse l'excitation. Mais même dans ce cas, l'effet le plus simple peut être de divers ordres. L'œil est plus ou moins fortement attiré par les couleurs claires, et plus fortement encore par les couleurs plus claires, plus chaudes : le rouge vermillon attire et irrite le regard comme la flamme que l'homme contemple irrésistiblement. Le jaune citron vif après un certain temps blesse l'œil comme le son aigu d'une trompette déchire les oreilles. L'œil clignote, ne peut le supporter et va se plonger dans les calmes profondeurs du bleu ou du vert.

Dans le cas d'un développement plus complet, cet effet élémentaire en provoque un plus profond qui entraîne une émotion de l'âme.

2. Dans ce cas, on atteint le deuxième résultat primordial de la contemplation de la couleur, qui provoque une vibration de l'âme. Et la première force, physique, élémentaire, devient maintenant la voie par laquelle la couleur atteint l'âme.

La question de savoir si ce deuxième effet est réellement direct comme on pourrait le déduire de ce qui précède ou s'il ne peut être atteint que par association reste encore en suspens. L'âme étant, en règle générale, étroitement liée au corps, il est possible qu'une émotion psychique en entraîne une autre, correspondante, par *association*. Par exemple, la couleur rouge peut provoquer une vibration de l'âme semblable à celle produite par une flamme, car le rouge est la couleur de la flamme. Le rouge chaud est excitant, cette excitation pouvant être douloureuse ou pénible, peut-être parce qu'il ressemble au sang qui coule. Ici cette couleur éveille le souvenir d'un autre agent physique qui, toujours, exerce sur l'âme une action pénible.

Si c'était le cas, nous trouverions facilement par l'association une explication des autres effets physiques de la couleur, c'est-à-dire non plus seulement sur l'œil mais également sur les autres sens. On pourrait par exemple admettre que le jaune clair a un effet acide, par association avec le citron.

Mais il est à peine possible d'accepter de telles explications. À propos du goût de la couleur, les exemples ne manquent pas où cette explication ne peut être retenue. Un médecin de Dresde rapporte que l'un de ses patients, qu'il caractérise comme un homme d'un « niveau intellectuel très supérieur », avait coutume de dire qu'une certaine sauce avait immanquablement le goût de « bleu », c'est-à-dire qu'il la ressentait comme la couleur bleue [1]. On pourrait peut-être admettre une explication analogue, mais cependant différente, à savoir que chez les individus particulièrement évolués l'accès à l'âme est si direct et les réactions de celle-ci si faciles à atteindre qu'une excitation du goût pénètre instantanément jusqu'à l'âme en faisant réagir les autres voies d'accès par d'autres organes matériels (dans notre cas l'œil). Ce serait une sorte d'écho ou de résonance, comme cela se produit avec les instruments de musique dont les cordes, ébranlées par le son d'un autre instrument, s'émeuvent à leur tour. Des hommes d'une telle sensibilité sont comme l'un de ces bons violons dont on a beaucoup joué et qui, au moindre contact de l'archet, vibrent de toutes leurs cordes.

Si l'on admet cette explication, il ne faut pas mettre l'œil uniquement en liaison avec le goût, mais également avec tous les autres sens. Certaines couleurs peuvent avoir un aspect rugueux, épineux, d'autres, par contre, donnent une impression de lisse, de velouté, que l'on a envie de caresser (le bleu outremer foncé, le vert de chrome, le carmin). Même la différence d'impression de chaud ou de froid des tons de couleur repose sur cette sensation.

1. Dr Freudenberg, « Dédoublement de la personnalité », *Le monde surnaturel,* 1908, n° 2, pp. 64 et 65. On y parle aussi de l'audition des couleurs (p. 65) et l'auteur fait remarquer que les tableaux comparatifs n'établissent pas une loi générale. Cf. L. Sabanejeff dans la revue *Musik,* Moscou, 1911, n° 9 : il annonce ici la mise au point imminente d'une loi.

Il existe également des couleurs qui semblent molles (carmin) ou d'autres qui apparaissent dures (vert de cobalt, oxyde bleu-vert), de sorte qu'à peine sortie du tube, la couleur semble sèche [1].

L'expression « parfum des couleurs » est couramment utilisée.

Enfin l'audition des couleurs est tellement précise qu'on ne trouverait certainement personne qui tente de rendre l'impression de jaune criard sur les basses d'un piano ou compare le carmin foncé à une voix de soprano [2].

---

1. Note de l'édition russe : C'est justement cette propriété des couleurs unie à différents procédés techniques de leur application qui offre la possibilité de créer plusieurs surfaces selon qu'elles seront obtenues par :

1. les propriétés des couleurs (c'est-à-dire la faculté de produire une impression de lisse, de rugueux, de piquant, de glissant, etc. – moyen optique);

2. par des procédés techniques, c'est-à-dire par l'application des couleurs par un pinceau sur la toile, c'est-à-dire uniformément, par taches, par pointillés, etc. – moyen mécanique;

3. par la combinaison de ces deux procédés. On obtiendra ainsi différentes surfaces :

    1. surface optique,
    2. surface mécanique,
    3. surface combinée.

De là vient que l'un des plaisirs procurés par la composition d'un tableau (on en parlera plus loin) est un plaisir tangible – immédiat (par l'intermédiaire des doigts) et non immédiat (par l'intermédiaire des yeux).

2. De nombreux travaux aussi bien théoriques que pratiques ont déjà été effectués dans ce domaine. Compte tenu de fréquentes analogies (également avec les vibrations physiques de l'air et de la lumière), on essaie de trouver pour la peinture la possibilité de construire son contrepoint. Par ailleurs, il a été tenté avec succès d'enseigner une mélodie à des enfants musicalement peu doués par le biais des couleurs (par exemple des fleurs). Mme A. Sacharine-Unkowsky travaille

Cette explication (bien que fondée sur l'association) ne suffira cependant pas dans certains cas qui
sont pour nous d'une importance primordiale.
Quiconque a entendu parler de chromothérapie
connaît l'action de la lumière colorée sur le corps.
On a tenté à plusieurs reprises d'utiliser cette propriété de la couleur et de l'appliquer pour certaines maladies nerveuses, en remarquant que la
lumière rouge a un effet tonifiant, excitant sur le
cœur, que la bleue, par contre, peut entraîner une
paralysie temporaire. S'il est possible d'observer
une réaction de ce genre sur des animaux ou même
des plantes, ce qui est le cas, l'explication par l'association tombe. Ces faits n'en démontrent pas
moins que la couleur recèle une force peu étudiée,
mais énorme, capable d'influencer tout le corps
humain, en tant qu'organisme physique.

Mais si l'association ne nous paraît pas une explication suffisante dans ce cas, nous ne pourrons pas
non plus nous en satisfaire pour l'effet de la cou-

depuis longtemps cette question et a élaboré une méthode
précise. Cette méthode «qui permet de décrire la musique
par les couleurs de la nature, de peindre les sons de la nature
et *de voir les sons en couleur et d'entendre musicalement les couleurs*» est déjà appliquée depuis des années à l'école fondée
par sa créatrice et sa valeur a été reconnue par le Conserva-
toire de Saint-Pétersbourg. D'autre part, Scriabine a élaboré
d'une manière *empirique* un tableau comparatif des tons colorés
et musicaux qui est très semblable à celui, plus scientifique,
de Mᵐᵉ Unkowsky.
Scriabine a appliqué d'une manière convaincante son principe dans *Prométhée* (cf. tableau dans la revue *Musik*, Moscou,
1911, n° 9).

leur sur l'esprit. En règle générale, la couleur est donc un moyen d'exercer une influence directe sur l'âme. La couleur est la touche. L'œil est le marteau. L'âme est le piano aux cordes nombreuses.

L'artiste est la main qui, *par l'usage convenable* de telle ou telle touche, met l'âme humaine en vibration.

Il est donc clair que l'harmonie des couleurs doit reposer uniquement sur le principe de l'entrée en contact efficace avec l'âme humaine.

Cette base sera définie comme le *principe de la nécessité intérieure.*

VI

LE LANGAGE
DES FORMES
ET DES COULEURS

« L'homme qui n'a pas de musique en lui et
qui n'est pas ému par le concert des sons har-
monieux est propre aux trahisons, aux strata-
gèmes et aux rapines. Les mouvements de son
âme sont mornes comme la nuit et ses affections
noires comme l'Érèbe. Défiez-vous d'un tel
homme. *Écoutons la musique.* »

SHAKESPEARE
Le Marchand de Venise
acte V, scène 1
(trad. F.-V. Hugo)

Le son musical a un accès direct à l'âme. Il y
trouve un écho essentiellement immédiat car
l'homme « a la musique en lui-même ».

« Chacun sait que le jaune, l'orange et le rouge
donnent et représentent des idées de joie, de
richesse [1] » (Delacroix).

---

1. P. Signac, *op. cit.,* cf. aussi l'intéressant article de K. Schef-
fler, « Notes sur la couleur », *L'art décoratif,* février 1901.

Ces deux citations démontrent la parenté profonde entre les arts en général, entre la musique et la peinture, en particulier [1]. C'est certainement sur cette parenté que s'est construite l'idée de Goethe selon laquelle la peinture doit trouver sa basse continue. Ce mot prophétique de Goethe est un pressentiment de la situation dans laquelle se trouve la peinture de nos jours. Cette situation est le départ du chemin sur lequel la peinture, grâce à ses moyens propres, deviendra un art au sens abstrait du mot et atteindra finalement la *composition* picturale pure.

Pour cette composition, deux moyens sont à sa disposition :

1. Dans l'emploi de la forme, la musique peut obtenir des résultats dont est incapable la peinture. À l'inverse, par certaines de ses propriétés, la peinture dépasse la musique. Ainsi la musique a pour elle le temps, la durée. Privée de cette possibilité la peinture peut en revanche imprimer d'un seul coup l'essence même d'une œuvre dans la conscience du spectateur, ce que ne peut faire la musique. La musique, échappant à la « nature », est libérée de la nécessité de puiser dans le monde extérieur les formes extérieures de son langage. (Le langage de la nature reste son langage. Si la musique veut exprimer précisément ce que la nature dit à l'homme avec son propre langage, elle doit emprunter uniquement la signification intérieure de ce langage de la nature et la reproduire dans une forme extérieure propre à la musique, c'est-à-dire dans un langage musical.) Aujourd'hui la peinture se limite encore presque exclusivement à des formes empruntées à la nature. Son problème actuel est de mettre à l'essai, d'évaluer ses possibilités et ses moyens, de les analyser comme le fait la musique depuis des temps immémoriaux (il y a des exceptions – la musique à programme ne fait effectivement que confirmer la règle), d'essayer d'utiliser ses possibilités et ses moyens de façon purement picturale.

1. couleur,
2. forme.

La forme seule, en tant que représentation de l'objet (réel ou non réel) ou comme délimitation purement abstraite d'un espace, d'une surface, peut exister indépendamment.

La couleur non. La couleur ne se laisse pas étendre sans limite. On ne peut que penser ou se représenter mentalement le rouge sans limite. Lorsqu'on entend le mot « rouge », ce rouge n'est pas limité dans notre représentation. La limite doit être ajoutée par la pensée, de force s'il le faut. Le rouge qu'on ne voit pas matériellement, mais qu'on se représente dans l'abstrait, éveille par ailleurs une certaine image intérieure précise et imprécise, d'une résonance physique purement intérieure [1]. Ce rouge qui résonne à partir du mot même n'a pas en lui de vocation particulière au chaud ou froid. Cela devra être ajouté par la pensée, comme des dégradés insensibles des tons rouges. C'est pourquoi je dis que cette vision de l'esprit est imprécise. Mais cependant elle est également précise parce que seule demeure la résonance intérieure, dépouillée de ses tendances fortuites qui amèneraient à tenir compte des détails, au chaud et au froid, etc. Cette résonance intérieure est semblable au son d'une trompette ou d'un instrument

1. Effet très proche de l'exemple de *l'arbre* que l'on verra plus loin, où cependant l'élément matériel de la représentation tient une place plus grande.

tel que l'on imagine en entendant le mot « trompette » par exemple, sans autre précision. On pense au son sans les différences qu'il a selon qu'il est émis en plein air, dans un local fermé, seul ou mêlé à d'autres instruments, joué par un postillon, un chasseur, un soldat ou un virtuose.

Mais si *ce rouge* doit être rendu sous une forme matérielle (comme en peinture), il faut :

1. qu'il ait un ton donné de la gamme infinie des différents rouges, c'est-à-dire qu'il soit *caractérisé subjectivement* et

2. qu'il soit limité sur la surface, *séparé des autres couleurs* qui existent *nécessairement,* qu'on ne peut en aucun cas éviter. Ainsi par délimitation et voisinage, se modifient les caractéristiques subjectives en recevant une enveloppe objective et c'est ici que joue l'harmonique *(Beiklang)* objective.

Ce rapport inévitable entre la couleur et la forme nous amène à observer les effets de la forme sur la couleur : la forme proprement dite, même si elle est parfaitement abstraite ou ressemble à une forme géométrique, a sa propre résonance intérieure. La forme est un être spirituel doué de propriétés qui s'y identifient. Un triangle (sans autres précisions : pointu, plat ou équilatéral) est un de ces êtres avec son parfum spirituel propre. Associé à d'autres formes, ce parfum se différencie, s'enrichit de nuances harmoniques mais reste au fond inchangé, comme le parfum de la rose que l'on ne saurait confondre avec celui de la violette. Il en est de même pour le cercle, le carré et toutes les autres formes possibles [1]. Donc la même chose que ci-dessus pour le rouge : substance subjective dans une enveloppe objective.

On voit maintenant clairement apparaître les interactions entre forme et couleur. Un triangle rempli avec du jaune, un cercle bleu, un carré vert, un autre triangle vert, un cercle jaune, un carré bleu, etc. Tous sont des êtres totalement différents agissant de façon totalement différente.

Il est maintenant facile de constater que la valeur de telle couleur est soulignée par telle forme, et atténuée par telle autre. En tout cas, les propriétés des couleurs aiguës sonnent mieux dans une forme aiguë (ainsi le jaune dans un triangle). Les couleurs profondes sont renforcées dans leur effet par des formes rondes (ainsi le bleu dans le cercle). Il est cependant bien évident que la discordance entre la forme et la couleur ne doit pas être considérée comme quelque chose d'« inharmonieux », mais au contraire comme une nouvelle possibilité et donc, également, une harmonie.

Le nombre des couleurs et des formes étant infini, ces combinaisons, et par là même ces effets, sont illimités. Ce matériau est inépuisable.

---

1. La direction dans laquelle est orienté par exemple un triangle, c'est-à-dire son mouvement, joue également un rôle important. Cela est d'une grande importance en peinture.

*

La forme, au sens étroit du terme, n'est en tout cas rien d'autre que la délimitation d'une surface par rapport à une autre. C'est là sa définition extérieure. Toute chose extérieure renfermant cependant nécessairement un élément intérieur (plus ou moins apparent), *toute forme a un contenu intérieur* [1]. *La forme est donc l'extériorisation du contenu intérieur.* C'est là sa définition intérieure. Il faut ici repenser à l'exemple du piano qui a été évoqué ci-dessus, en remplaçant « couleur » par « forme », l'artiste est la main qui, par l'usage convenable de la touche (= forme), met l'âme humaine en vibration. *Il est donc clair que l'harmonie des formes doit reposer uniquement sur le principe de l'entrée en contact efficace avec l'âme humaine.*

Ce principe a été ici défini comme *le principe de la nécessité intérieure.*

Ces deux aspects de la forme sont dans le même temps ses deux buts. Et pour cela la délimitation extérieure est totalement efficace lorsqu'elle sert à manifester de la manière la plus expressive le

---

1. Si une forme laisse indifférent ou, selon l'expression courante, « ne dit rien », il faut se garder de le comprendre à la lettre. Il n'existe aucune forme, en fait rien au monde, qui ne dise rien. Mais ce dire n'atteint souvent pas notre âme, en particulier lorsque ce qui est dit est indifférent, ou plus exactement n'est pas employé à sa place.

contenu intérieur de la forme [1]. L'extérieur de la forme, c'est-à-dire la délimitation à laquelle, dans ce cas, la forme sert de moyen, peut être très divers.

Cependant, malgré toutes les différences que la forme peut offrir, elle ne franchira jamais deux limites extérieures, c'est-à-dire :

1. ou bien le but de la forme, *en tant que délimitation*, est de découper par cette délimitation un objet matériel sur la surface, et donc de dessiner cet objet sur la surface, ou bien

2. *la forme reste abstraite*, c'est-à-dire ne désigne aucun objet matériel, mais est un être totalement abstrait. À cette catégorie d'êtres purement abstraits, doués d'une vie propre en tant que tels, ayant leur effet et leur influence, appartiennent le carré, le cercle, le triangle, le losange, le trapèze et les innombrables autres formes, de plus en plus compliquées et qui n'ont pas de définition mathématique. Toutes ces formes sont citoyennes, égales en droits, du royaume de l'abstrait.

Entre ces deux limites se situe le nombre infini des formes où coexistent les deux éléments, et dans lesquelles prédomine soit l'élément matériel, soit l'élément abstrait.

---

1. Il importe de bien comprendre ce terme d'« expressive » : parfois la forme sera expressive en étant atténuée. Parfois la forme exprime justement le nécessaire de la manière la plus expressive lorsqu'elle ne va pas au bout de ses possibilités, mais reste une indication, montre simplement la direction vers l'expression extérieure.

Ces formes pour la plupart sont, momentanément, le trésor auquel l'artiste emprunte les divers éléments de ses créations.

Des formes purement abstraites seules ne peuvent aujourd'hui suffire à l'artiste. Ces formes sont pour lui trop imprécises. Il lui semble que se limiter exclusivement à l'imprécis, c'est se priver de possibilités, exclure ce qui est purement humain et appauvrir par là même ses moyens d'expression.

Mais en même temps, déjà aujourd'hui, la forme abstraite est vécue comme purement précise et elle devient un matériau exclusif dans les œuvres picturales. Le fait d'« appauvrir » l'extérieur amène un enrichissement intérieur.

Par ailleurs, il n'existe pas en art de forme parfaitement matérielle. Il n'est pas possible de reproduire exactement une forme matérielle : bon gré, mal gré, *l'artiste dépend de son œil, de sa main,* qui, dans ce cas, sont plus artistes que son âme désireuse de ne pas aller au-delà d'un but photographique. L'artiste conscient, qui ne se satisfait pas de dresser procès-verbal de l'objet à représenter (ce que l'on nommait autrefois matériel), essaiera nécessairement de donner une expression à l'objet à représenter, ce que l'on nommait autrefois idéaliser, plus tard styliser, et que l'on appellera encore autrement demain [1].

---

1. L'essentiel de « l'idéalisation » était la tendance à embellir la forme organique, à la rendre idéale, ce qui engendrait facilement la schématisation et aboutissait à étouffer la sono-

4. Raphaël, *La sainte famille.*
Munich, Alte Pinakothek (cliché Hanfstaengl-Giraudon).

Cette impossibilité et cette inutilité (dans l'art) de copier sans but l'objet, cette tentative d'emprunter à l'objet ce qu'il a de plus expressif, voilà dans l'avenir les points de départ qu'a l'artiste pour commencer à passer de la coloration « littéraire » de l'objet à des buts purement artistiques (ou du moins picturaux). Cette voie conduit au compositionnel.

La composition purement picturale a, en ce qui concerne la forme, deux tâches :

1. la composition du tableau *(Bild)* entier,

2. la création des formes isolées, combinées différemment entre elles, qui se subordonnent à la composition de l'ensemble [1]. Ainsi plusieurs objets (réels ou éventuellement abstraits, ou purement abstraits) sont-ils subordonnés dans l'image *à une* grande forme et modifiés afin qu'ils s'intègrent

rité intérieure de l'élément personnel. La « stylisation », issue de l'impressionnisme, n'avait pas pour but l'« embellissement » de la forme organique, mais tendait plutôt à la caractériser fortement par la suppression des détails fortuits. C'est pourquoi la sonorité qu'elle éveillait était d'un caractère entièrement personnel, avec cependant un élément extérieur prédominant. Le traitement futur et la modification de la forme organique ont pout but de mettre à nu la résonance *intérieure*. La forme organique ne sert plus à l'objet direct, mais n'est plus qu'un élément du langage divin, qui a besoin de l'humain, car elle est adressée par des hommes à des hommes.

1. La grande composition peut, bien entendu, se composer de compositions plus petites formant chacune un tout qui, extérieurement, peuvent même paraître se contrarier et qui servent malgré tout (dans ce dernier cas précisément par leur antagonisme) à la grande composition. Ces compositions plus petites contiennent elles-mêmes des formes isolées, de coloration intérieure différente.

dans cette forme, dessinent cette forme. La forme isolée peut ici n'avoir par elle-même qu'une sonorité très atténuée, elle ne sert dans un premier temps qu'à la constitution de la grande forme compositionnelle et doit surtout être considérée comme un élément de cette forme. Cette forme isolée est faite comme elle l'est et pas autrement ; non pas parce que *sa* résonance intérieure propre l'exige absolument, mais surtout parce qu'elle est destinée à servir de matériau de construction pour cette composition.

La première tâche – la composition de l'image entière – est ainsi devenue le but définitif [1].

Ainsi voit-on, en art, passer peu à peu au premier plan l'élément abstrait qui, hier encore, se cachait, timide et à peine visible, derrière les ten-

---

1. Un excellent exemple à ce propos : *Les baigneuses* de Cézanne, composition en triangle. (Le Triangle mystique !) Une telle construction suivant une forme géométrique est un principe ancien, qui avait été finalement abandonné parce qu'il dégénérait en formules académiques figées, qui n'avaient pas de signification intérieure, pas d'âme. L'application de ce principe par Cézanne lui a redonné une âme, par l'accent mis sur l'élément purement pictural – compositionnel. Dans ce cas important le triangle n'est pas un moyen accessoire de l'harmonisation du groupe, mais le but artistique du tableau présenté d'une manière éclatante. Ici la forme géométrique est en même temps un moyen de composition en peinture : l'œuvre est centrée sur une recherche purement artistique, avec une nette intervention de l'abstrait. C'est pourquoi Cézanne modifie à bon droit les proportions humaines. Ce n'est pas seulement la silhouette entière qui doit tendre vers la pointe du triangle, mais également chacune des parties du corps, dont certaines, irrésistiblement projetées vers le haut par un souffle intérieur, s'allègent et s'étirent visiblement.

dances purement matérialistes. Cette croissance, et finalement cette prédominance de l'abstrait, est naturelle. Cela est naturel car, plus la forme organique est repoussée vers l'arrière-plan, plus cet abstrait passe de lui-même au premier plan et gagne en résonance.

Ce qui reste d'organique a cependant, comme nous l'avons dit, sa résonance intérieure propre, qui ou bien est identique (combinaison simple des deux éléments) à la résonance intérieure du deuxième élément de la forme (de ce qu'elle contient d'abstrait), ou bien peut être de nature différente (combinaison complexe et peut-être nécessairement disharmonique). De toute manière l'organique, dans la forme choisie, fait entendre sa résonance, même lorsque cet organique est totalement relégué à l'arrière-plan. C'est pourquoi le choix de l'objet réel est important. Dans la double résonance (accord spirituel) des deux éléments de la forme, l'organique peut soutenir l'abstrait (par consonance ou dissonance) ou le gêner. L'objet peut n'avoir qu'une résonance fortuite et, remplacé par un autre, ne provoquer aucune modification *essentielle* de la résonance fondamentale.

Une composition en losange sera, par exemple, construite au moyen d'un certain nombre de silhouettes humaines. On la vérifie au moyen de la sensibilité et on se pose la question : ces silhouettes humaines sont-elles absolument nécessaires pour la composition ou pourrait-on les remplacer par d'autres formes organiques à condition que la résonance *intérieure* fondamentale de la composition n'en soit pas altérée? Si oui, nous avons le cas où la résonance de l'objet, non seulement, ne soutient pas la résonance de l'abstrait, mais lui est directement nuisible : la résonance indifférente de l'objet affaiblit la résonance de l'abstrait. Et cela n'est pas seulement logique, mais se vérifie pratiquement dans l'art. Dans ce cas donc il conviendrait soit de trouver un autre objet mieux adapté à la résonance intérieure de l'abstrait (adapté comme consonance ou dissonance), soit de laisser la forme entière purement abstraite. On rappellera ici l'exemple du piano. Remplaçons « couleur » et « forme » par « objet ». Tout objet (sans qu'il y ait lieu de distinguer s'il a été directement créé par la « nature » ou s'il a été façonné par la main de l'homme) est un être doué d'une vie propre et qui en conséquence a un effet inévitable. L'homme subit continuellement cette influence psychique. Beaucoup des effets de cette dernière demeureront dans le « subconscient » (où ils agiront d'une manière tout aussi vivante et créatrice). Un grand nombre d'autres atteignent le « subconscient ». L'homme peut se libérer d'un grand nombre de ces manifestations en leur fermant son âme. La « nature », c'est-à-dire l'environnement perpétuellement mouvant de l'homme, met continuellement, par l'intermédiaire des touches (objets), les cordes du piano (l'âme) en vibration. Ces effets, qui nous paraissent souvent chaotiques, résultent de *trois éléments : l'effet de la couleur de l'objet, de sa forme, et l'effet propre, indépendant de la forme et de la couleur.*

C'est alors que l'artiste intervient. À la place de la nature, c'est lui qui ordonne et met en œuvre ces trois facteurs. Il en résulte qu'ici aussi ce qui importe, c'est *l'efficace. Le choix de l'objet (élément qui, dans l'harmonie des formes, donne le son accessoire) dépend d'un contact efficace avec l'âme humaine.*

Conséquence : *le choix de l'objet relève également du Principe de la Nécessité Intérieure.*

Plus dégagé est l'élément abstrait de la forme, et plus le son en est pur, élémentaire. Il est donc possible, dans une composition où la présence de l'élément corporel n'est pas absolument nécessaire, de le négliger plus ou moins et de lui substituer soit des formes purement abstraites, soit des formes corporelles transposées dans l'abstrait. Chaque fois que ce transfert est possible, chaque fois que l'on est en présence de l'irruption de la forme abstraite dans une composition concrète, c'est le sentiment seul qu'il faut suivre comme étant seul capable de doser le mélange d'abstrait et de concret. Et bien évidemment plus l'artiste utilisera ces formes abstraites ou « abstractisées », plus il se sentira chez lui dans leur domaine et plus il y pénétrera profondément. Il en sera de même également pour le spectateur qui, guidé par l'artiste, approfondira sa connaissance du langage abstrait, et finalement le possédera.

La question se pose maintenant : faut-il totalement renoncer à ce qui est objet, le bannir de notre magasin, le disperser au vent et mettre totalement à nu l'abstrait pur? C'est là évidemment une question pressante qui nous amènera immédiatement à la réponse par la décomposition de la consonance des deux éléments de forme (élément objectif et élément abstrait). De même que chaque mot prononcé (arbre, ciel, homme), chaque objet représenté éveille une vibration. Se priver de cette possibilité d'éveiller une vibration équivaudrait à limiter l'arsenal des moyens d'expression. C'est en tout cas la situation actuelle. Mais outre cette réponse tout actuelle, la question posée ci-dessus, qui commençait par « faut-il...? », peut en recevoir une autre qui, elle, est éternelle et applicable à toute question du même style; il n'y a pas de « il faut... » en art. Celui-ci est éternellement libre. L'art fuit devant le « il faut... ». Comme le jour devant la nuit.

Si l'on considère maintenant la deuxième tâche de la composition, la création des formes *isolées* destinées à la construction de l'ensemble de la composition, il faut remarquer que la même forme a toujours la même résonance sous des conditions inchangées. Cependant les conditions sont toujours différentes, d'où découlent deux conséquences :

1. la résonance idéale se modifie par combinaison avec d'autres formes,

2. elle se modifie également dans un même environnement (pour autant qu'il soit possible de le maintenir) lorsque l'orientation de la forme est modifiée [1]. Ces conséquences en entraînent une troisième.

*

Il n'y a rien d'absolu. C'est pourquoi la composition des formes, qui repose sur cette relativité, dépend

– de la variabilité de l'assemblage des formes et

– de la variabilité de chaque forme jusqu'au plus petit détail.

Chaque forme est aussi sensible qu'un petit nuage de fumée : le déplacement le plus imperceptible de l'une de ses parties la modifie *d'une façon importante.* Et cela va si loin qu'il est peut-être plus facile de rechercher la même résonance par des formes différentes que de tenter de la reproduire par la répétition de la même forme : une répétition véritablement exacte n'est pas possible. Aussi longtemps que nous ne sommes particulièrement sensibles qu'à l'ensemble de la composition, ce fait a

---

1. C'est ce que l'on appelle le mouvement, par exemple, un triangle simplement orienté vers le haut a une sonorité plus calme, plus immobile et plus stable que le même triangle disposé en biais, sur l'un de ses côtés.

plutôt une importance théorique. Mais au fur et
à mesure que les hommes auront une sensibilité
plus fine et plus forte par la pratique de formes
de plus en plus abstraites (qui ne recevront aucune
interprétation du corporel), ce fait gagnera en
importance pratique. Et ainsi, d'une part, les difficultés de l'art croîtront, mais simultanément la
richesse des formes d'expression augmentera,
quantitativement et qualitativement. Cependant la
question des « erreurs de dessin » tombera d'elle-
même pour être remplacée par une autre plus
proche de l'art : jusqu'à quel point la résonance
intérieure de la forme donnée est-elle mise en
évidence ou voilée? Ce changement d'optique
conduira encore plus loin et entraînera un enrichissement des moyens d'expression car, en art,
ce que l'on voile a une énorme puissance. La
combinaison de ce qui est voilé et de ce qui est
mis en évidence sera une possibilité nouvelle de
leitmotive des compositions de formes.

Sans une telle évolution dans ce domaine, la
composition de formes resterait impossible. Quiconque ne sera pas atteint par la résonance intérieure de la forme (corporelle et surtout abstraite)
considérera toujours une telle composition comme
parfaitement arbitraire. C'est précisément ce
déplacement apparemment sans but des différentes
formes sur la toile qui apparaît, dans ce cas, comme
un feu de formes dénué de sens. Nous trouvons ici
le même critère et le même principe – principe

unique, purement artistique et libre de tout élément accessoire : *le principe de la nécessité intérieure.*

Lorsque, par exemple, les traits d'un visage ou certaines parties du corps sont, pour une raison d'art, déplacés ou « mal dessinés », on bute, outre sur la question purement picturale, également sur la question anatomique qui contrarie l'intention picturale et rend nécessaires des calculs accessoires. Dans notre cas cependant, tout ce qui est accessoire tombe de soi-même et seul subsiste l'essentiel, le but de l'art. C'est précisément cette possibilité, en apparence arbitraire, mais en vérité strictement déterminable, de déplacer les formes qui est l'une des sources d'une série infinie de créations artistiques.

Ainsi donc, la malléabilité de la forme isolée, sa modification pour ainsi dire interne et organique, son orientation dans l'image (mouvement), la prépondérance du corporel ou de l'abstrait dans la forme isolée d'une part et d'autre part la combinaison des formes qui constituent les grandes formes des groupes de formes, la combinaison des formes isolées avec les groupes de formes qui créent la grande forme de l'image tout entière, les principes de la consonance ou de la dissonance de toutes les parties évoquées, c'est-à-dire la concordance entre formes isolées ou l'obstacle que représente une forme pour une autre, également le déplacement, l'aimantation ou la dislocation des formes isolées, le même traitement des groupes de formes, la

5. Paul Cézanne, *Les grandes baigneuses.*
Philadelphie, Museum of Art
(cliché du Musée).

combinaisön de ce qui est voilé et de ce qui est mis
en évidence, la combinaison du rythmique et de
l'arythmique sur une même surface, la combinaison des formes abstraites purement géométriques
(simples ou complexes) et celles qui n'ont pas de
nom en géométrie, la combinaison des délimita-
tions de formes les unes par rapport aux autres
(plus fortes, plus faibles) etc., tels sont les éléments
qui permettent un « contrepoint » purement graphique et qui conduiront à ce contrepoint. Et cela
sera, aussi longtemps que la couleur sera exclue, le
contrepoint de l'art du noir et du blanc.

La couleur, qui offre elle-même matière à un
contrepoint et renferme des possibilités infinies,
conduira, unie au dessin, au grand contrepoint
pictural, s'achèvera en atteignant la composition
et, devenue véritablement un art, servira le Divin.
Et c'est toujours le même guide infaillible qui la
conduira à cette hauteur vertigineuse : *le principe
de la nécessité intérieure*!

*

La nécessité intérieure naît de trois raisons mystiques. Elle est formée de trois nécessités mystiques :

1. chaque artiste, en tant que créateur, doit
exprimer ce qui lui est propre (élément de la personnalité),

2. chaque artiste, en tant qu'enfant de son

époque, doit exprimer ce qui est propre à cette époque (élément du style dans sa valeur intérieure, composé du langage de l'époque et du langage de la nation, aussi longtemps que la nation existera en tant que telle),

3. chaque artiste, en tant que serviteur de l'art, doit exprimer ce qui est propre à l'art en général (élément de l'art pur et éternel que l'on retrouve chez tous les hommes, chez tous les peuples, dans toutes les époques, dans l'œuvre de chaque artiste, de toutes nations et de toutes les époques et qui, en tant qu'élément principal de l'art, ne connaît ni espace ni temps).

Nous devons seulement traverser avec l'œil spirituel les deux premiers éléments pour apercevoir ce troisième élément mis à nu. Et l'on s'aperçoit alors qu'une colonne « grossièrement » sculptée d'un temple indien est animée de la même âme qu'une œuvre vivante, si « moderne » qu'elle soit.

On a beaucoup parlé (et on parle encore beaucoup) de l'élément personnel dans l'art ; ici et là, et de plus en plus souvent, on parle du style futur. Si importantes que soient ces questions, après quelques centaines et plus tard après quelques milliers d'années, elles n'en perdent pas moins progressivement de leur acuité et de leur importance et finissent par devenir indifférentes et par mourir.

Seul le troisième élément, celui de l'art pur et

éternel, reste éternellement vivant. Non seulement il ne perd pas de sa force avec le temps, mais en gagne constamment. Une sculpture égyptienne nous émeut certainement plus aujourd'hui qu'elle n'a pu émouvoir les hommes qui l'ont vue naître. Elle était encore trop liée à eux par les caractères de l'époque et de la personnalité et en était comme assourdie. Aujourd'hui nous entendons en elle la résonance dénudée de l'éternité d'une part. Et d'autre part plus une œuvre « actuelle » a les deux éléments premiers, plus elle aura accès facilement à l'âme du contemporain. Et de plus : plus l'œuvre actuelle sera imprégnée du troisième élément, plus les deux premiers seront dominés et plus l'accès à l'âme du contemporain sera rendu difficile. Et c'est pourquoi des siècles sont parfois nécessaires pour que la résonance du troisième élément atteigne l'âme des hommes.

Ainsi la prépondérance du troisième élément dans l'œuvre est-elle le signe de sa grandeur et de la grandeur de l'artiste.

[Ces trois nécessités mystiques sont les trois éléments nécessaires de l'œuvre d'art, intimement liés, c'est-à-dire qu'ils s'interpénètrent, exprimant en permanence l'unité de l'œuvre. Cependant, les deux premiers éléments portent en eux-mêmes le temps et l'espace, ce qui, du point de vue de l'art pur et éternel, lequel est hors du temps et de l'espace, forme une sorte de cosse relativement opaque. La procédure du développement de l'art réside dans une certaine mesure dans le détachement de l'élément de l'art pur et éternel de l'élément de la personnalité, et de l'élément du style de l'époque. Ainsi ces deux éléments contribuent-ils à l'œuvre, tout en l'entravant.

Le style personnel et celui de l'époque aboutissent à chaque époque à de nombreuses formes précises qui, malgré de grandes différences apparentes, sont organiquement si voisines qu'elles peuvent être considérées comme *une forme* : leur résonance intérieure n'est finalement qu'une *résonance dominante.*

Ces deux éléments sont de nature subjective. L'époque tout entière veut *se* reproduire, exprimer *sa* vie par l'art. De même l'artiste veut s'exprimer *lui-même* et il ne choisit que les formes qui *lui* sont proches.

Progressivement et finalement, se forme le style de l'époque, c'est-à-dire une certaine forme extérieure et subjective. L'élément d'art pur et éternel, en revanche, est l'élément objectif qui devient compréhensible à l'aide du subjectif.

L'objectif a une inévitable volonté de s'exprimer ; cette volonté est la force que nous désignons ici par nécessité intérieure et qui exige du subjectif aujourd'hui telle forme générale, demain telle autre. Elle est le levier permanent infatigable, le ressort qui pousse sans arrêt « vers l'avant ». L'esprit progresse et c'est pourquoi les lois de l'harmonie aujourd'hui intérieures seront demain des lois extérieures dont l'application ne continuera qu'en raison de cette nécessité devenue extérieure. Il est clair que la force spirituelle intérieure de l'art ne se sert de la forme d'aujourd'hui que comme une marche afin d'en atteindre de suivantes.

En bref, l'effet de la nécessité intérieure, et donc le développement de l'art, est une extériorisation progressante de l'éternel-objectif dans le temporel-subjectif. Et donc, d'autre part, la lutte de l'objectif contre le subjectif.

Par exemple, la forme aujourd'hui reconnue est une conquête de la nécessité intérieure d'hier, restée sur une certaine marche extérieure de la libération, de la liberté. Cette liberté d'aujourd'hui a été assurée par un combat et semble, comme toujours, à beaucoup, devoir être « le dernier mot ». L'un des canons de cette liberté limitée est : l'artiste peut utiliser, pour s'exprimer, n'importe quelle forme, pourvu qu'il reste sur le terrain des formes empruntées à la nature. Cette exigence cependant, comme celles qui l'ont précédée n'est que temporelle. Elle est l'expression extérieure d'aujourd'hui, c'est-à-dire la nécessité extérieure d'aujourd'hui. Du point de vue de la nécessité intérieure une telle limitation ne saurait intervenir et l'artiste peut entièrement s'appuyer sur la base intérieure d'aujourd'hui, en excluant la limitation extérieure d'aujourd'hui, et qui peut se définir comme suit :

*l'artiste peut utiliser n'importe quelle forme pour s'ex-
primer* [1].]

On voit finalement (et ceci est d'une importance
capitale pour tous les temps, mais tout particuliè-

---

1. Passage ajouté dans la 3e édition.

Pour parler plus particulièrement de l'époque actuelle, je
rappellerai qu'en peinture (dessin + couleurs) deux désirs sont
déjà clairement exprimés :
 1. le désir de rythme,
 2. le désir de symétrie.

Un exemple particulièrement frappant est offert par Hodler
qui a poussé ces deux principes jusqu'à l'obsession et par
moments jusqu'au cauchemar. Je ne dis pas cela pour le cri-
tiquer, mais pour indiquer que c'est au détriment de ses propres
possibilités qui se trouvent restreintes. Cette restriction est
sans doute un prolongement naturel de l'âme de Hodler.

Il ne faut pas croire que ces deux principes dans cette
application-là sont en dehors de l'art et en dehors de la peinture. Ces principes, nous les observons et dans l'art le plus
ancien, l'art des sauvages, et dans les périodes de plus grand
épanouissement artistique. Actuellement, on ne peut pas faire
d'objections théoriques à ces principes, mais de même que le
blanc est particulièrement lumineux quand il est réduit au
minimum et entouré de noir, de même que ce blanc, étendu
à l'infini, se dissout dans une sorte de brume trouble, de même
ces principes de construction utilisés sans retenue − à notre
époque tout au moins − perdent de leur résonance et de leur
action sur l'âme. Notre âme s'enferme dans le mécontente-
ment quand elle ne perçoit qu'une seule note et réclame
ardemment la double résonance dont elle a besoin. À l'égal
du blanc, le noir lui aussi résonne comme la trompette des
anges, lorsqu'il se trouve en opposition ; de la même façon, la
composition picturale tout entière est à la recherche de cette
opposition. Cette opposition semble avoir été depuis toujours
le principe même de l'art, mais ce principe doit être diver-
sement appliqué selon les époques. Voilà pourquoi le rythme
réclame maintenant l'arythmie. La symétrie réclame l'asymétrie. Les sonorités fêlées de l'âme moderne exigent cette
opposition-là. Plus tard, après de longs cheminements, l'art
actuel parviendra peut-être à l'épanouissement, à la perfection
que connaissent toutes les grandes époques ; et l'on s'apercevra

rement pour « aujourd'hui »!) que la recherche du personnel, du style (et accessoirement aussi du style national) ne peut aboutir par l'intention seule et qu'elle n'a pas non plus la grande importance qu'on lui attribue actuellement. Et l'on voit que l'affinité générale des œuvres, qui n'a pas été affaiblie par des millénaires, mais au contraire a été peu à peu renforcée, ne réside pas dans l'extérieur, dans l'extériorité, mais dans la racine des racines — le contenu mystique de l'art. Et l'on voit que l'appartenance « à une école », la chasse à la « tendance », la recherche de « principes » et de certains moyens d'expression propres à une époque dans une œuvre, ne peuvent que nous égarer et aboutir à l'incompréhension, à l'aveuglement et au mutisme.

L'artiste doit être aveugle vis-à-vis de la forme « reconnue » ou « non reconnue », sourd aux enseignements et aux désirs de son temps.

Son œil doit être dirigé vers sa vie intérieure et son oreille tendue vers la voix de la nécessité intérieure. Il pourra alors se servir de tous les moyens

---

alors que notre cacophonie, que notre disharmonie ou absence d'harmonie est l'harmonie de notre époque, que l'arythmie est notre rythme, l'asymétrie notre symétrie, mais tout cela infiniment amélioré, enrichi et pénétré du parfum des temps nouveaux qui s'annoncent.

Voilà pourquoi il semble que la construction d'un triangle équilatéral, que la répétition du même mouvement à droite et à gauche (rythme répétitif), que la reproduction parfaitement exacte (ou légèrement modifiée par coquetterie) d'un même coloris, etc., ne sont qu'un pont, emprunté aux vieilles méthodes de l'art, entre le réalisme et l'art nouveau.

autorisés et tout aussi facilement de ceux qui sont interdits.

C'est là la seule voie pour exprimer Le Mystique nécessaire.

Tous les moyens sont sacrés s'ils sont intérieurement nécessaires.

Tous les moyens sont péchés s'ils ne découlent pas de la source de la nécessité intérieure.

Et d'autre part, s'il est vrai que l'on puisse à l'heure actuelle échafauder à l'infini des théories dans ce domaine, il n'en reste pas moins qu'il est encore prématuré d'élaborer cette théorie plus en détail. En art, la théorie ne précède jamais la pratique, ni ne la tire derrière soi. Ici, surtout dans les commencements, tout est affaire de sentiment. Ce n'est que par le sentiment, surtout au début, que l'on parvient à atteindre le vrai dans l'art. Même si la construction générale peut être atteinte d'une manière purement théorique, il demeure cependant « quelque chose de plus » qui est l'âme véritable de la création (et, par conséquent, jusqu'à un certain point, son essence) et qui ne peut être créé par la théorie, ou trouvé, s'il n'est pas soudain insufflé à l'œuvre créée par le sentiment. L'art agissant sur le sentiment, il ne peut agir également que par le sentiment. Même si les proportions sont les plus exactes, les poids et les mesures les plus précis, ni le calcul ni la rigueur des déductions ne donnent jamais de résultat juste. De telles proportions ne peuvent être calculées et de telles balances ne sauraient exister [1]. Les proportions et les balances ne se trouvent pas en dehors de l'artiste, mais en lui. Elles sont ce que l'on peut appeler également le sens des limites, le tact artistique — qualités innées de l'artiste qui peuvent, par l'enthousiasme, s'exalter jusqu'à la révélation géniale. C'est également dans ce sens qu'il faut comprendre la possibilité d'une basse continue en peinture, prédite par Goethe. Une telle grammaire de la peinture ne peut, à l'heure actuelle, qu'être pressentie et lorsque enfin il en existera une, elle s'appuiera moins sur des lois physiques (ainsi qu'on a déjà essayé de le faire et qu'on le tente à nouveau aujourd'hui : « cubisme »), que sur *les lois de la nécessité intérieure,* que l'on peut tranquillement appeler *spirituelles.*

Nous voyons ainsi qu'au fond du plus petit, et au fond du plus grand problème de la peinture, on retrouve l'élément *intérieur.* La voie sur laquelle nous nous trouvons déjà aujourd'hui, pour le plus grand bonheur de notre époque, est la voie dans

---

1. Léonard de Vinci, le maître aux multiples talents, avait imaginé un système, ou plutôt une gamme de petites cuillers pour prendre les différentes couleurs. Cela devait permettre une harmonisation mécanique. Un de ses élèves, malgré la peine qu'il se donnait, ne réussissait pas à employer le procédé. Désespéré par son insuccès, il demanda à l'un de ses camarades comment le maître lui-même se servait de ces petites cuillers. « Le Maître ne s'en sert jamais » fut la réponse (Merejkowski, *Léonard de Vinci.* Traduction allemande de Eliasberg, Piper et Cie, Munich).

laquelle nous nous libérons de l'extérieur [1] pour substituer à cette base principale une base toute contraire, celle de la nécessité intérieure. Mais, de même que le corps, l'esprit se fortifie et se développe par l'exercice. Comme un corps qu'on néglige et qui devient faible et finalement impotent, l'esprit s'affaiblit. Le sentiment inné de l'artiste est comme le talent de l'Évangile qui ne doit pas être enterré. L'artiste qui laisse ses dons inemployés est le serviteur paresseux.

C'est pourquoi il n'est pas seulement inoffensif, mais aussi absolument nécessaire que l'artiste connaisse le point de départ de ces exercices.

Ce point de départ est l'estimation de la valeur intérieure du matériau sur la grande balance objective, c'est-à-dire, dans notre cas, l'étude [de la forme dessinée et] *de la couleur,* qui doit, en règle générale, agir sur chaque être humain.

Il n'est donc pas nécessaire de s'appesantir ici

1. La notion « d'extérieur » ne doit pas être confondue ici avec celle de « matière ». Je n'emploie cette première notion qu'à la place de « nécessité extérieure » qui ne peut jamais entraîner au-delà des limites du « beau » reconnu et donc uniquement traditionnel. La « nécessité intérieure » ignore ces limites et, par suite, crée souvent des objets que l'on est convenu de qualifier de « laids ». « Laideur » n'est donc qu'une notion de convention qui poursuit une vie apparente en tant que résultat extérieur d'une des nécessités intérieures antérieures déjà matérialisées. Dans le passé, on taxait de « laid » tout ce qui n'avait alors aucune relation avec la nécessité intérieure. On définissait comme « beau » tout ce qui était lié à elle. Et cela à juste titre, car tout ce que provoque la nécessité intérieure est déjà beau par cela même. Et cela sera inévitablement, tôt ou tard, reconnu comme tel.

sur tous les détails complexes de la couleur avec
toute sa profondeur et toute sa finesse, et l'on se
contentera d'une présentation élémentaire de la
couleur simple.

On se concentrera tout d'abord sur *la couleur
isolée,* laissant agir sur soi *la couleur seule.* Il est
nécessaire de disposer d'un schéma aussi simple
que possible. Toute la question sera donc réduite
à une présentation aussi simple que possible.

Les deux grandes divisions qui apparaissent
immédiatement à l'œil sont :

  1. la chaleur ou la froideur du ton coloré,
  2. la clarté ou l'obscurité de ce ton.

On distingue ainsi pour chaque couleur quatre
sonorités principales : elle peut être I. *chaude* et
en cela 1. *claire* ou 2. *foncée,* ou II. *froide* et en
même temps 1. *claire* ou 2. *foncée.*

D'une manière tout à fait générale, *la chaleur ou
la froideur* d'une couleur est une tendance *au jaune
ou au bleu.* C'est là une distinction qui s'opère pour
ainsi dire sur le même plan, la couleur conservant
sa résonance de base, mais cette résonance de base
devient de son côté plus matérielle, ou plus imma-
térielle. C'est un mouvement horizontal, le chaud
sur ce plan horizontal allant vers le spectateur,
tendant vers lui, alors que le froid s'en éloigne.

Les couleurs mêmes qui provoquent ce mouvement horizontal d'une autre couleur sont également caractérisées par ce même mouvement, mais
ont encore un autre mouvement qui les distingue

fortement dans leur effet intérieur : elles constituent par là le *premier grand contraste* de la valeur
intérieure. La tendance d'une couleur au chaud
ou au froid est donc d'une importance et d'une
signification *intérieures* considérables.

Le second grand contraste est constitué par la
différence entre le blanc et le noir, couleurs qui
forment la seconde paire des quatre sonorités principales : la tendance de la couleur au clair ou au
foncé. Ces dernières ont cependant également le
même mouvement vers le spectateur et s'éloignant
du spectateur, mais en une forme non plus dynamique, mais statique et figée (voir tableau I, p. 144).

Le second mouvement du jaune et du bleu qui
contribue au premier grand contraste est leur
mouvement excentrique et concentrique [1].

Si l'on fait deux cercles identiques et que l'on
peint l'un en jaune et l'autre en bleu, on s'aperçoit,
après une brève concentration sur ces cercles, que
le jaune irradie, prend un mouvement excentrique
et se rapproche presque visiblement de l'observateur. Le bleu, en revanche, développe un mouvement concentrique (comme un escargot qui se
recroqueville dans sa coquille) et s'éloigne de
l'homme. L'œil est comme transpercé par l'effet
du premier cercle, alors qu'il semble s'enfoncer
dans le second.

---

1. Toutes ces affirmations sont le résultat d'impressions
psychiques tout empiriques et ne sont fondées sur aucune
donnée de la science positive.

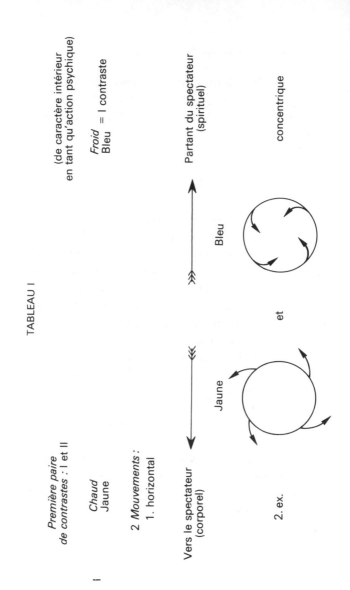

TABLEAU I

(de caractère intérieur
en tant qu'action psychique)

*Première paire
de contrastes* : I et II

Chaud   *Froid*
Jaune   Bleu = I contraste

2 *Mouvements* :
1. horizontal

Vers le spectateur   Partant du spectateur
(corporel)   (spirituel)

Jaune   et   Bleu   concentrique

2. ex.

	Clair Blanc			*Obscur* = Il contraste Noir

2 *Mouvements :*

1. Le mouvement de la résistance

Blanc　　　Noir

Résistance éternelle
et pourtant possibilité
(naissance)

Absence totale
de résistance et aucune
possibilité (mort)

2. ex- et concentrique comme pour le Jaune
et le Bleu, mais sous forme figée

Cet effet s'accentue par la différence entre clair et foncé : l'effet du jaune augmente lorsqu'on l'éclaircit (pour parler simplement : par adjonction du blanc) et celui du bleu lorsque la couleur s'assombrit (adjonction du noir). Ce phénomène prend une importance encore plus grande si l'on considère que le jaune a une telle tendance au clair (blanc) qu'il ne peut guère exister de jaune très foncé.

Il y a donc une parenté intime entre le jaune et le blanc – au sens physique du terme –, de même qu'entre le noir et le bleu, le bleu pouvant acquérir une profondeur telle qu'il confine au noir. Outre cette ressemblance physique, il en existe une, morale, qui distingue très nettement ces deux paires (jaune et blanc d'une part, bleu et noir d'autre part) dans leur valeur intérieure, et apparente étroitement les deux membres de chacune d'elles (voir ci-dessous ce qui est dit du noir et du blanc).

Si l'on essaie de rendre le jaune (cette couleur typiquement chaude) plus froid, il prend un ton verdâtre et perd immédiatement ses deux mouvements (horizontal et excentrique). Il prend ainsi un caractère quelque peu maladif et surnaturel, comme un homme plein d'énergie et d'ambition qui se trouve empêché par des circonstances extérieures d'exercer cette énergie et cette ambition. Le bleu, mouvement tout à fait opposé, freine le jaune, si bien qu'en continuant à ajouter du bleu, les deux mouvements contradictoires s'annihilent, produisant *l'immobilité totale et le calme. Le vert apparaît.*

Il en est de même avec le blanc lorsqu'il est troublé par du noir. Il perd de sa constance et c'est finalement le gris qui apparaît, couleur très voisine, en valeur morale, du vert.

Le vert, cependant, contient des forces paralysées qui peuvent toutefois redevenir actives, du jaune et du bleu. Le vert contient une possibilité vivante qui manque totalement au gris. Elle manque parce que le gris résulte de couleurs qui ne possèdent aucune force purement active (en mouvement), mais procèdent, d'une part, d'une résistance immobile et, d'autre part, d'une immobilité incapable de résistance (comme un mur infini, infiniment épais et un trou infini, sans fond).

Les deux couleurs créatrices du vert étant actives et possédant un mouvement, on peut déjà en théorie déterminer l'effet spirituel des couleurs en fonction du caractère de ces mouvements ; et l'on aboutit au même résultat si l'on choisit la manière expérimentale et qu'on laisse les couleurs agir sur soi. Et effectivement le premier mouvement du jaune, cette tendance *vers* l'homme, qui peut devenir importune (en augmentant d'intensité) ainsi que le second mouvement, ce franchissement des limites, cette dispersion de forces sur son entourage, sont semblables aux propriétés de toute force matérielle qui se précipite inconsciemment sur l'objet et se répand sans but de tous côtés. D'autre part, le jaune, si on le considère directement (sous une forme géométrique quelconque), énerve l'homme, le pique, l'excite et manifeste le caractère de violence exprimée dans la couleur, qui agit finalement sur l'âme avec une insolence insupportable [1]. Cette propriété du jaune, qui a une nette tendance vers les tons plus clairs, peut être amenée à une force et à un niveau insoutenables pour l'œil et l'esprit humains. À ce niveau, il sonne comme une trompette, jouée dans les aigus et de plus en plus fort, ou comme le son éclatant d'une fanfare [2].

Le jaune est la couleur typiquement terrestre. Le jaune ne saurait devenir très profond. Lorsqu'on le refroidit au moyen du bleu, il prend, ainsi qu'il a été dit plus haut, un ton maladif. Comparé aux états de l'âme, il pourrait servir à la représentation colorée de la folie, mais non mélancolie, ou hypocondrie, mais accès de rage, délire aveugle, folie furieuse. Le malade s'en prend aux hommes, renverse tout, disperse ses forces physiques de tous côtés, les utilise sans but et sans limites, jusqu'à l'épuisement. Cela fait également penser à l'extra-

---

1. Tel est par exemple l'effet de la boîte postale bavaroise jaune lorsqu'elle n'a pas perdu sa couleur d'origine. Il est intéressant de noter que le citron est jaune (acidité aiguë) et que le canari est jaune (chant aigu). On est ici en présence d'une intensité particulière du ton coloré.

2. La correspondance des tons colorés et musicaux est, bien entendu, simplement relative. De même qu'un violon peut produire des sons très différents, qui peuvent répondre à des couleurs tout aussi diverses, le jaune, dans ses différentes nuances, peut être exprimé par différents instruments. Dans les parallèles que l'on établit ici, on pense surtout au ton moyen (sans variation) de la couleur pure et, en musique, au ton moyen, sans variation par vibration, sourdine, etc.

vagant gaspillage des dernières forces de l'été dans les feuillages criards de l'automne, dont le bleu apaisant s'est retiré et monte au ciel. Il se crée alors des couleurs d'une puissance folle, sans profondeur.

Cette capacité d'approfondissement se trouve dans le *bleu* et déjà d'une manière théorique dans ses mouvements physiques,

   1. s'éloignant de l'homme et
   2. vers son propre centre.

Il en est de même si on laisse le bleu (sous une forme géométrique quelconque) agir sur l'âme. La puissance d'approfondissement du bleu est telle, qu'il devient plus intense justement dans les tons les plus profonds et qu'intérieurement, son effet devient plus caractéristique. Plus le bleu est profond, plus il attire l'homme vers l'infini et éveille en lui la nostalgie du Pur et de l'ultime suprasensible. C'est la couleur du ciel, tel que nous nous le représentons, au son du mot ciel.

Le bleu est la couleur typiquement céleste [1]. Le bleu développe très profondément l'élément du calme [2].

---

1. « ...les nimbes... sont dorés pour l'empereur et les prophètes (donc pour les hommes) et *bleu de ciel* pour les personnages symboliques (donc pour des êtres à l'existence purement spirituelle) » (Kondakoff, *Nouvelle Histoire de l'art byzantin considéré principalement dans les miniatures,* Paris, 1886-1891, vol. II, p. 38, 2).

2. Non pas comme le vert, qui est, ainsi que nous le verrons par la suite, un calme terrestre plutôt content de soi, mais un recueillement solennel, supraterrestre. Il faut comprendre ces mots à la lettre : sur le chemin vers ce « supra » il y a le

Glissant vers le noir, il prend la consonance d'une tristesse inhumaine [1]. Il devient un approfondissement infini dans des états graves qui n'ont pas de fin et qui ne peuvent en avoir. À mesure qu'il s'éclaircit, ce qui lui convient moins, le bleu prend un aspect plus indifférent et paraît lointain et indifférent à l'homme, comme un haut ciel bleu clair. Plus il s'éclaircit, plus il perd de sa résonance, jusqu'à devenir un calme muet, devenir blanc. Musicalement, le bleu clair s'apparente à la flûte, le foncé au violoncelle, s'il fonce encore à la sonorité somptueuse de la contrebasse; dans ses tons les plus profonds, les plus majestueux, le bleu est comparable aux sons graves d'un orgue.

Le jaune devient facilement aigu et ne saurait devenir très profond. Le bleu atteint rarement l'aigu et n'arrive pas à une grande hauteur.

L'équilibre idéal du mélange de ces deux couleurs diamétralement opposées en tout est le vert. Les mouvements horizontaux s'annulent. Les mouvements excentriques et concentriques s'annulent également. Il se produit le calme. Cela est la conclusion logique, qu'il est facile d'obtenir en théorie.

« terrestre » que l'on ne saurait éviter. Toutes les peines, les questions, les contradictions du terrestre doivent être vécues. Personne ne s'y est soustrait. Ici aussi, il y a une nécessité intérieure, recouverte par l'extérieur. La reconnaissance de cette nécessité est la source du « repos ». Ce repos nous étant trop éloigné, nous ne pouvons pas non plus dans le domaine des couleurs nous approcher intérieurement d'une prépondérance du bleu.

1. Différemment du violet, comme on le verra ci-dessous.

Et l'effet direct sur l'œil, et, par l'œil, sur l'âme, conduit au même résultat. Ce phénomène n'est pas seulement reconnu depuis longtemps par les médecins (en particulier par les oculistes), mais également connu en général. Le vert absolu est la couleur la plus reposante qui soit ; elle ne se meut vers aucune direction et n'a aucune consonance de joie, de tristesse ou de passion, elle ne réclame rien, n'attire vers rien. Cette absence permanente de mouvement est une propriété bienfaisante pour des âmes et des hommes fatigués, mais peut, après un certain temps de repos, devenir fastidieuse. Les tableaux peints dans une harmonie verte confirment cette affirmation.

De même qu'un tableau peint en jaune dégage toujours une chaleur spirituelle, ou qu'un tableau bleu semble trop froid (donc effet actif, car l'homme, élément de l'univers, a été créé pour le mouvement constant et peut-être, éternel), un tableau vert n'a qu'un effet d'ennui (effet passif). La passivité est la propriété la plus caractéristique du vert absolu, cette propriété se « parfumant » cependant d'une sorte d'onction, de contentement de soi. C'est pourquoi, dans le domaine des couleurs, le vert correspond à ce qu'est, dans la société des hommes, la bourgeoisie : c'est un élément immobile, content de soi, limité dans toutes les directions. Ce vert est semblable à une grosse vache, pleine de santé, couchée, immobile, capable seulement de ruminer en considérant le monde de ses

TABLEAU II

III

Deuxième paire
de contrastes : III et IV

Rouge

Vert = III contraste

(caractères physiques
comme couleurs complémentaires)

I Mouvement

Le contraste I
spirituellement éteint

Mouvement en soi

= Mobilité en puissance
= Immobilité

Rouge

Mouvement ex- et concentrique manquent
totalement

En mélange optique   = Gris

Comme en mélange mécanique de blanc et noir = Gris

IV   *Orange*   *Violet* = IV contraste

nés du premier contraste par :

1. L'élément actif du Jaune dans le Rouge = Orangé

2. L'élément passif du Bleu dans le Rouge = Violet

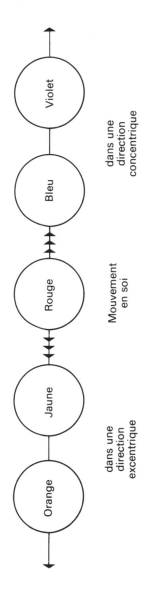

yeux bêtes et inexpressifs [1]. Le vert est la couleur dominante de l'été, lorsque la nature a triomphé de la période de *Sturm und Drang* de l'année, du printemps et de ses orages, et baigne dans un calme contentement de soi (cf. tableau II, p. 152).

*

Lorsque le vert absolu perd son équilibre, il monte vers le jaune, devenant ainsi vivant, jeune et gai. L'addition de jaune a de nouveau fait intervenir une force active. Lorsqu'il s'approfondit, par dominance du bleu, le vert prend une résonance tout à fait différente : il devient sérieux et comme pensif. Là aussi un élément actif intervient, mais tout à fait différent en caractère de ce qui se produit lorsqu'on réchauffe le vert.

Lorsqu'il s'éclaircit ou fonce, le vert garde son caractère originel d'indifférence et de calme, le premier dominant dans les tons clairs, le second dans les tons foncés, ce qui est tout à fait naturel, car ces modifications sont obtenues par le blanc et le noir. Musicalement, je serais tenté de comparer le vert absolu aux sons calmes, amples, et de gravité moyenne, du violon.

Ces deux dernières couleurs – blanc et noir – ont déjà été définies en général. À l'analyse, *le*

---

1. C'est également ainsi qu'agit l'équilibre idéal, tant prisé. Le Christ l'a exprimé en termes excellents : « Tu n'es ni chaud ni froid... »

blanc, que l'on tient souvent pour une *non-couleur* (surtout grâce aux impressionnistes « qui ne voient pas de blanc dans la nature [1] »), apparaît comme le symbole d'un monde d'où toutes les couleurs, en tant que propriétés matérielles et substances, auraient disparu. Ce monde est tellement au-dessus de nous qu'aucun son ne nous en parvient. Il en vient un grand silence qui nous apparaît, représenté matériellement, comme un mur froid à l'infini, infranchissable, indestructible. C'est pourquoi le blanc agit également *sur notre âme* (psyché) comme un grand silence, absolu pour nous. Il résonne intérieurement comme un non-son, ce qui correspond sensiblement à certains silences en musique, ces silences ne font qu'interrompre momentanément le développement d'une phrase sans en marquer l'achèvement définitif. C'est un silence qui n'est pas mort, mais plein de possibi-

1. Dans ses lettres Van Gogh se demande s'il ne pourrait pas représenter directement un mur blanc en peignant avec du blanc. Cette question, qui ne présente aucune difficulté pour un non-naturaliste qui utilise la couleur comme résonance intérieure, apparaît à un impressionniste-naturaliste comme un attentat audacieux contre la nature. Cette question doit apparaître à ce peintre aussi révolutionnaire qu'a pu paraître en son temps révolutionnaire et folle la transformation des ombres brunes en ombres bleues (l'exemple célèbre du « ciel vert et de l'herbe bleue »). De même qu'on peut reconnaître dans ce dernier cas le passage de l'académisme et du réalisme à l'impressionnisme et au naturalisme, il faut voir dans cette question de Van Gogh le noyau de « l'interprétation de la nature », c'est-à-dire la tendance à ne pas représenter la nature comme une apparition extérieure, mais à faire apparaître surtout l'élément de l'*impression intérieure,* ce que l'on a baptisé récemment *expression.*

lités. Le blanc sonne comme un silence qui pourrait subitement être compris. C'est un néant, qui est jeune ou encore plus exactement un néant d'avant le commencement, d'avant la naissance. C'est peut-être ainsi que sonnait la terre aux jours blancs de l'ère glaciaire.

Un néant sans possibilités, un néant mort après que le soleil s'est éteint, un silence éternel sans avenir ni espoir, voilà la résonance intérieure du noir. Musicalement, on peut le représenter par un silence définitif après lequel la suite apparaîtra comme le début d'un nouveau monde, car tout ce qui est interrompu par *ce* silence est achevé pour toujours : le cercle est fermé. Le noir est quelque chose d'éteint comme un bûcher consumé, quelque chose d'immobile comme un cadavre qui ne ressent rien et sur qui tout glisse. Il est comme le silence du corps après la mort, la fin de la vie. *C'est extérieurement la couleur qui manque le plus totalement de sonorité sur laquelle toute autre couleur, même celle dont la résonance est la plus faible, sonne plus forte et plus précise.* L'effet n'est pas le même que sur le blanc sur lequel presque toutes les couleurs perdent de leur résonance, certaines se décomposent même totalement, et ne laissent derrière elles qu'un son presque insaisissable [1].

1. Le vermillon, par exemple, résonne sur le blanc, mat et sale, tandis que sur le noir il prend une force éclatante surprenante. Le jaune clair, au contact du blanc, s'affaiblit, devient déliquescent, alors que sur un fond noir, il se détache littéralement de l'arrière-plan, plane et saute aux yeux.

Ce n'est pas pour rien que le blanc a été choisi comme parure de la joie et de la pureté immaculée; le noir comme celle du deuil, de l'affliction profonde et comme symbole de la mort. L'équilibre de ces deux couleurs obtenu par un mélange mécanique donne le *gris.* Il est bien évident qu'une couleur ainsi produite n'a ni résonance intérieure ni mouvement. *Le gris est sans résonance et immobile. Cette immobilité a cependant un caractère différent du calme du vert,* qui est intermédiaire entre deux couleurs actives et en est le produit. Le gris est donc *l'immobilité sans espoir.* Plus le gris devient foncé, plus le désespoir l'emporte, plus l'étouffant gagne en importance. Lorsqu'on l'éclaircit, il s'aère en quelque sorte, donnant une possibilité de respirer dans la couleur, qui contient alors un certain élément d'espoir caché. Un tel gris résulte du mélange optique du vert et du rouge : il naît du mélange spirituel de la passivité contente de soi et d'un rayonnement fortement actif [1].

*

Le rouge, tel qu'on se l'imagine, comme couleur sans frontière, typiquement chaude, agit intérieurement comme une couleur très vivante, vive, agitée, qui n'a cependant pas le caractère insouciant

1. Gris – immobilité et *repos.* Delacroix le pressentait déjà qui voulait obtenir l'impression du repos par le mélange du vert et du rouge (Signac, *op. cit.*).

du jaune qui se dissipe de tous côtés, mais donne l'effet, malgré toute son énergie et son intensité, de la note puissante d'une force immense presque consciente de son but. *Il y a dans cette effervescence et dans cette ardeur, principalement en soi et très peu tournée vers l'extérieur, une sorte de maturité mâle* (cf. tableau II, p. 152).

Dans la réalité, ce rouge idéal peut connaître de grandes modifications, altérations et transformations. Le rouge est très riche et très divers dans sa forme matérielle. Que l'on se représente seulement : rouge de Saturne, rouge de cinabre, rouge anglais, carmin, tous les tons, du plus clair au plus foncé! Cette couleur a la propriété de conserver à peu près le ton fondamental et de paraître en même temps typiquement chaude ou froide [1].

Le rouge clair chaud *(Saturne)* a une certaine analogie avec le jaune moyen (en tant que pigment il contient également une certaine quantité de jaune) et donne une impression de force, d'énergie, de fougue, de décision, de joie, de triomphe (plus fort), etc. Musicalement, il rappelle également le son des fanfares avec tuba, un son fort, obstiné, insolent.

Lorsqu'il est moyen, comme *le cinabre*, le rouge gagne en permanence et en sensibilité aiguë : il est comme une passion qui brûle avec régularité, une

---

1. N'importe quelle couleur peut évidemment être chaude ou froide; mais dans aucune on ne trouve un contraste aussi grand que dans le rouge. Une foule de possibilités intérieures!

force sûre d'elle-même, qu'il n'est pas aisé de recouvrir, mais qui se laisse éteindre par le bleu comme le fer rouge par l'eau. Ce rouge ne supporte rien de froid et perd par là sa résonance et sa signification. Ou plus exactement : ce refroidissement brutal, tragique, produit un ton que les peintres, aujourd'hui surtout, évitent et interdisent comme *« sale »*. À tort. La saleté, sous sa forme matérielle, représentée matériellement, en tant qu'être matériel, possède sa résonance intérieure comme tout autre être. C'est pourquoi vouloir éviter la saleté en peinture est aussi injuste et aussi arbitraire que la peur d'hier devant la couleur « pure ». Il ne faut jamais oublier que tous les moyens qui procèdent de la nécessité intérieure sont purs. Autrement ce qui est extérieurement sale est intérieurement pur. Sinon ce qui est extérieurement pur est intérieurement sale. Comparés au jaune, les rouges de Saturne et de cinabre ont un caractère analogue, avec cependant une bien moindre tendance à aller vers l'homme : ce rouge brûle, mais plutôt en *soi-même,* manquant presque totalement de ce caractère quelque peu extravagant du jaune. C'est pourquoi il est peut-être plus apprécié que le jaune : on l'emploie volontiers et fréquemment dans l'art ornemental populaire, primitif et également beaucoup dans les costumes populaires où, comme couleur complémentaire du vert, il y a un effet particulièrement « beau » à l'extérieur. Ce rouge a un caractère principalement matériel et très actif (pris isolément) et ne tend guère à la profondeur, tout comme le jaune. Ce n'est qu'en pénétrant dans un milieu plus élevé que ce rouge prend une résonance plus profonde. Cet approfondissement par le noir-mort est dangereux, car le noir éteint l'ardeur et la réduit au minimum. Il en résulte le *brun,* couleur dure, émoussée, peu mobile, dans laquelle le rouge sonne comme un bouillonnement à peine audible. Et cependant ce son extérieurement faible engendre un son intérieur puissant. De l'emploi nécessaire du brun procède une beauté intérieure indescriptible : la modération. Le rouge de cinabre sonne comme un tuba et peut être mis en parallèle avec de forts coups de timbale.

Comme chaque couleur fondamentalement froide, *le rouge froid* (comme le carmin) peut être approfondi (en particulier par ombrage). Son caractère s'en trouve sensiblement modifié : l'impression d'incandescence profonde croît, mais l'élément actif disparaît peu à peu totalement. Cet élément actif n'est malgré tout pas complètement absent, comme par exemple dans le vert profond, mais laisse le pressentiment, l'attente d'une nouvelle incandescence, énergique comme quelque chose qui ne se serait pas retirée, mais mise à l'affût et cachant en soi la possibilité de bondir furieusement. C'est là que réside également la grande différence entre lui-même et l'approfondissement du bleu, car le rouge, même dans cet état, laisse

TABLEAU III

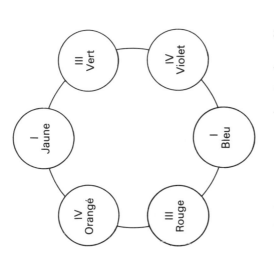

Les contrastes comme un cercle entre deux pôles =
La vie des couleurs simples entre la naissance et la mort.
(Les chiffres romains indiquent les paires de contrastes.)

paraître quelque chose de corporel. Il rappelle l'ampleur des sons moyens et graves du violoncelle porteurs d'un élément passionnel. Le rouge froid, lorsqu'il est clair, gagne encore en caractère corporel, mais en corporel pur, sonnant comme une joie jeune et pure, comme une silhouette de jeune fille, fraîche et pure. Cette image peut à merveille être exprimée musicalement par les sons élevés, clairs et chantants du violon [1]. Cette couleur, qui devient intense par la seule adjonction de blanc, est très appréciée pour la toilette des jeunes filles.

Le rouge chaud, élevé par l'addition de jaune, auquel il est apparenté, donne *l'orangé.* Du fait de ce mélange, le mouvement en soi du rouge originel devient un mouvement d'irradiation et d'expansion sur l'entourage. Cependant le rouge, qui joue un grand rôle dans l'orangé, y ajoute une note de sérieux. Il ressemble à un homme sûr de ses forces et donne en conséquence une impression de santé. Il sonne comme une cloche de ton moyen qui appelle à l'Angélus, comme une puissante voix de contralto ou comme un alto jouant largo.

De même que l'orangé naît d'un rapprochement du rouge vers l'homme, *le violet* procède d'un recul du rouge provoqué par le bleu; il a tendance à s'éloigner de l'homme. Le rouge fondamental doit

1. On désigne en russe des clochettes joyeuses, dont les sonorités s'égrènent dans l'air (ou des grelots de chevaux), par l'expression de « tintinnabulement framboise ». La couleur du jus de framboise est très voisine du rouge clair et froid décrit ci-dessus.

cependant être froid, la chaleur du rouge ne s'alliant pas à la froideur du bleu (par aucun procédé), ce qui se vérifie également dans le domaine du spirituel.

Le violet est donc un rouge refroidi au sens physique et au sens psychique. Il a, par suite, quelque chose de maladif, d'éteint (mâchefer!), de triste. Ce n'est pas pour rien qu'on le considère comme convenant aux vêtements des vieilles femmes. Les Chinois l'emploient comme couleur de deuil. Il a les vibrations sourdes du cor anglais, du chalumeau et correspond dans les tonalités profondes aux basses des instruments de bois (par exemple le basson) [1].

Ces deux dernières couleurs, qui résultent du mélange du rouge avec du jaune ou avec du bleu, sont d'un équilibre précaire. Au cours du mélange des couleurs on peut observer leur tendance à perdre l'équilibre. On finit par avoir l'impression d'un danseur de corde qui doit en permanence faire attention et compenser des deux côtés. Où commence l'orangé et où finissent le jaune et le rouge? Où est la limite du violet qui le sépare nettement du rouge et du bleu [2]?

Les deux couleurs qui viennent d'être définies (orangé et violet) forment le *quatrième* et dernier

1. Entre artistes, on se répond parfois, en manière de plaisanterie, à la question de savoir comment on se porte par : « Très violet », ce qui ne signifie rien de bien gai.
2. Le violet a également une tendance à virer au lilas. Mais où finit le violet et où commence le lilas?

contraste dans le domaine des couleurs, des nuances simples primitives, qui du point de vue physique ont les mêmes rapports que celles du troisième contraste (rouge et vert), rapports de couleurs complémentaires (cf. tableau II, p. 152).

Les six couleurs, qui, par paires, forment trois grands contrastes, se présentent à nous comme un grand cercle, comme un serpent qui se mord la queue (symbole de l'infini et de l'éternité). Et à la droite et à la gauche nous trouvons les deux grandes possibilités du silence ; celui de la mort et celui de la naissance (cf. tableau III, p. 161).

*

Il est clair que les caractères des couleurs simples que nous venons de passer en revue sont indiqués grossièrement et d'une manière toute provisoire. Il en est également de même pour les sentiments indiqués comme correspondant aux couleurs (comme la joie, la tristesse, etc.). Ces sentiments également ne sont que des états matériels de l'âme. Les tons des couleurs, comme ceux de la musique, sont d'une nature beaucoup plus fine, provoquant dans l'âme des vibrations beaucoup plus subtiles, indescriptibles par des mots. Avec le temps chaque ton pourra vraisemblablement trouver un mot matériel pour l'exprimer, mais il subsistera toujours quelque chose de plus que les mots n'épuiseront pas, et qui ne sera pas un accessoire, un superflu luxueux du ton, mais son essence même.

C'est pourquoi les mots sont et resteront simplement des indications, des marques assez extérieures des couleurs. Dans cette impossibilité de remplacer l'essentiel de la couleur par le mot ou par d'autres moyens réside la possibilité de l'art monumental. C'est parmi des combinaisons très riches et variées qu'il importe ici d'en trouver une qui repose sur le fait que nous venons de constater. À savoir : la même résonance intérieure peut être rendue au même instant par différents arts, chaque art rendant, outre le ton général, quelque chose de plus qui lui est propre, et ajoutant ainsi à la résonance intérieure générale une richesse et une puissance qui ne sauraient être atteintes par un *seul* art.

Quelles disharmonies égales en puissance et en profondeur à cette harmonie et quelles combinaisons infinies deviendront possibles avec la prédominance d'un art, avec la prédominance des contrastes de différents arts combinés à d'autres arts en résonance silencieuse, etc., je laisse chacun l'imaginer.

On entend souvent dire que la possibilité de remplacer un art par un autre (par exemple par le mot, c'est-à-dire par la littérature) contredirait la nécessité de la différence des arts. Cela n'est pas cependant le cas. Comme déjà dit, la répétition exacte d'une même résonance par des arts différents n'est pas possible. Et quand bien même cela serait possible, cette répétition de la même résonance aurait une coloration extérieure différente.

Et même si cela n'était pas non plus le cas, c'est-à-dire si la répétition d'une même résonance par différents arts permettait d'obtenir chaque fois exactement la même résonance (intérieurement et extérieurement), une telle répétition ne serait malgré tout pas inutile. Et cela pour la seule raison que les différents hommes sont doués différemment pour les différents arts (activement ou passivement, c'est-à-dire comme émetteurs ou récepteurs de la résonance). Et même si cela n'était pas le cas, cette répétition n'en perdrait pas pour autant toute signification. La répétition des mêmes résonances, leur accumulation, concentrent l'atmosphère spirituelle nécessaire au mûrissement de la sensibilité (même de la substance la plus fine), comme pour certains fruits l'atmosphère concentrée d'une serre chaude est la condition absolument nécessaire de la maturation. L'homme isolé en est un exemple, sur lequel la répétition d'actes, de pensées, de sentiments finit par avoir un grand effet, même s'il est peu apte à absorber les différents actes, etc., comme une étoffe épaisse sous les premières gouttes de pluie [1].

Il ne faut cependant pas se représenter l'atmosphère spirituelle d'après cet exemple presque tangible. Elle est spirituellement la même chose que l'air, qui peut être pur ou plein d'éléments étrangers. L'atmosphère spirituelle est formée non seu-

1. Extérieurement, l'effet de la réclame est fondé sur cette répétition.

lement d'actes que tout le monde peut observer, et de pensées et de sentiments qui peuvent avoir une expression extérieure, mais également d'actes cachés « dont personne ne sait rien », de pensées non exprimées, de sentiments qui ne s'expriment pas (c'est-à-dire d'actes en l'homme). Suicides, meurtres, violences, pensées indignes et basses, haine, inimitié, égoïsme, envie, « patriotisme », partialité sont des formes spirituelles, les êtres spirituels créant cette atmosphère [1]. Et, inversement, l'esprit de sacrifice, l'entraide, les sentiments purs et élevés, l'amour, l'altruisme, la joie au bonheur d'autrui, l'humanité, la justice, sont des êtres semblables qui, comme le soleil, les microbes, détruisent les premiers et purifient l'atmosphère [2].

L'autre répétition (plus complexe) est celle à laquelle participent divers éléments sous des formes différentes. Dans notre cas, plusieurs arts (donc réalisés et additionnés : l'Art monumental). Cette forme de la répétition est encore plus puissante, du fait que les diverses natures humaines réagissent différemment aux différents moyens; pour

1. Il y a des périodes de suicides, d'hostilité guerrière, etc. La guerre et la révolution (cette dernière dans une moindre mesure que la guerre) sont des produits d'une telle atmosphère, qui continuera d'en être empestée. On te mesurera avec l'aune dont tu t'es servi pour mesurer.
2. L'histoire connaît également de telles périodes. Y en a-t-il eu de plus grande que celle du christianisme entraînant les plus faibles au combat spirituel? Même dans la guerre et la révolution il existe des facteurs appartenant à cette catégorie, qui contribuent à assainir une atmosphère empestée.

les uns la forme la plus accessible est celle de la
musique (qui en général agit sur tous, les exceptions sont rares), pour les autres celle de la peinture, pour les troisièmes, celle de la littérature, etc.
En outre, les forces que recèlent les différents arts
sont fondamentalement incomparables, de sorte
qu'elles augmentent le résultat à atteindre chez les
mêmes hommes, même si les différents arts agissent
isolément.

*

Cet effet difficilement définissable des différentes couleurs isolées est la base sur laquelle différentes valeurs seront *harmonisées.* Certaines
images (dans les arts appliqués, des ensembles
entiers) sont maintenues dans un ton uniforme,
choisi en fonction de la sensibilité de l'artiste. La
pénétration d'une tonalité colorée, la liaison de
deux couleurs voisines par le mélange de l'une à
l'autre est la base sur laquelle on fonde souvent
l'harmonie des couleurs. De ce que nous venons
de dire des effets des couleurs et du fait que nous
vivons une époque pleine de questions, de pres-
sentiments et d'indications, et par cela même pleine
de contradictions (que l'on pense également aux
couches du Triangle), nous pouvons facilement
conclure qu'une harmonisation, sur la base de la
couleur isolée, convient aussi peu que possible à
notre époque. Nous pouvons être réceptifs, peut-
être avec envie, avec une sympathie triste, aux

œuvres de Mozart. Elles sont pour nous une pause bienfaisante dans le tumulte de notre vie intérieure, une image consolante, un espoir, mais nous les entendons tout de même comme des résonances d'une période différente, révolue, qui au fond nous est étrangère. Lutte des sons, équilibre perdu, « principes » qui tombent, roulements de tambour inattendus, grandes questions, recherche apparemment sans but, impulsions apparemment déchirées et nostalgie, chaînes et liens rompus, en renouant plusieurs en un seul, contrastes et contradictions – voilà notre *harmonie.* Fondée sur cette harmonie, la composition est *une construction de formes colorées et dessinées, qui existent indépendamment en tant que telles, procédant de la nécessité intérieure et formant, par cette vie commune ainsi créée, un tout que l'on nomme tableau.*

Seules, ces parties isolées sont essentielles. Tout le reste (y compris, donc, le maintien de l'élément objectif) est accessoire. Ce reste n'est qu'une consonance complémentaire.

La combinaison de deux tons colorés en découle donc également d'une manière logique. Sur le même principe de l'antilogique, on juxtapose maintenant des couleurs longtemps considérées comme non harmoniques. Il en est ainsi, par exemple, du voisinage du bleu et du rouge, ces couleurs qui n'ont aucun lien physique, mais que l'on a choisies, aujourd'hui, en raison du grand *contraste spirituel* entre elles, comme l'une des harmonies les plus puissantes et les plus heureuses. Notre harmonie repose essentiellement sur le principe du contraste, ce principe qui en tous temps fut le grand principe de l'art. Notre contraste est cependant le contraste *intérieur,* isolé, et qui exclut toute aide (aujourd'hui, perturbation et superfluité) d'autres principes d'harmonie!

Il est surprenant de constater que justement cette juxtaposition du rouge et du bleu a trouvé une telle prédilection chez les primitifs (les primitifs allemands, italiens, etc.), qu'elle s'est maintenue jusqu'à aujourd'hui, dans ce qui nous reste de cette époque (par exemple, dans les formes les plus populaires de la sculpture religieuse) [1]. Très souvent, dans de telles œuvres de peinture et de sculpture peinte, on voit la Vierge en robe rouge sous un manteau bleu; il semble que l'artiste ait voulu rendre la grâce céleste envoyée à l'homme *terrestre* afin de recouvrir l'*Humain* par le *Divin.* Il découle logiquement de ces caractéristiques de notre harmonie que la nécessité intérieure a besoin, précisément « aujourd'hui », d'un arsenal infini de moyens d'expression.

Les juxtapositions « permises », « interdites », le choc des différentes couleurs, la prédominance de l'une sur l'autre, de l'une sur plusieurs, la mise en

1. Franck Brangwin fut certainement l'un des premiers à employer cette juxtaposition dans ses premières toiles avec cependant de grandes qualités de coloriste; et c'était « hier » encore.

évidence de l'une par l'autre, la précision d'une tache colorée, la solution unilatérale ou multilatérale, la limitation par une limite que dresse le dessin à l'étalement de la tache colorée, le débordement de cette tache au-delà de cette limite, les pénétrations, les limites strictes, etc. s'ouvrent sur une série de possibilités purement picturales (= colorées) qui se perd à l'infini.

Les premiers pas dans le *domaine de l'abstrait* ont été la distance prise par rapport à l'objet et, dans le domaine de la peinture et du dessin, *l'exclusion de la troisième dimension, c'est-à-dire la tentative de maintenir « l'image », en tant que peinture, sur une surface.* Le modelé a ainsi été supprimé. *Par là l'objet réel a été rapproché du plus abstrait,* ce qui était un certain progrès. Ce progrès eut cependant comme suite immédiate de clouer les possibilités à la surface réelle de la toile, ce par quoi la peinture gagna une sonorité accessoire tout à fait matérielle. Cette fixation était en même temps une limitation des possibilités.

Le désir de se libérer de ce matériel et de cette limitation, uni à la recherche du « compositionnel », devait naturellement conduire *au renoncement à la surface. On tenta de mettre l'image sur une surface idéale qui devait pour cela se former devant la surface matérielle de la toile* [1]. Ainsi naquit de la composition

1. Cf. par exemple l'article de Le Fauconnier dans le *Catalogue de la II*e *exposition de l'Association nouvelle des Peintres de Munich,* 1910-1911.

avec des triangles plats une composition avec des triangles devenus plastiques, tridimensionnels, c'est-à-dire avec des pyramides (ce que l'on appelle le « cubisme »). Très rapidement cependant, naquit ici un mouvement d'inertie, qui se concentra précisément sur cette forme, et conduisit de nouveau à l'appauvrissement des possibilités. C'est là le résultat inévitable de l'application extérieure d'un principe issu de la nécessité intérieure.

En particulier dans cet exemple très important, il ne faut pas oublier qu'il existe d'autres moyens de conserver la surface matérielle, de former la surface idéale et de ne pas fixer cette dernière seulement comme une surface plane, mais de l'exploiter comme un espace tridimensionnel. La minceur ou l'épaisseur d'une ligne, l'application de la forme sur la surface, la superposition d'une forme à une autre, sont des exemples suffisants de l'extension de l'espace par le dessin. La couleur offre des possibilités analogues, car elle peut, convenablement appliquée, s'avancer ou reculer, tendre vers l'avant ou vers l'arrière, faire de l'image une essence flottant en l'air, ce qui équivaut à une extension picturale de l'espace.

La combinaison des deux extensions, en consonance ou en dissonance, est l'un des éléments les plus puissants et les plus riches de la composition graphico-picturale.

VII

THÉORIE

De ces caractéristiques de notre harmonie actuelle, il découle naturellement qu'il est aujourd'hui, plus que jamais, difficile de construire une théorie parfaitement achevée [1], de créer une basse continue structurée de la peinture. Dans la pratique, de telles tentatives conduiraient à un résultat comparable à celui obtenu avec les petites cuillers de Léonard de Vinci, déjà évoquées. Il serait cependant prématuré de prétendre qu'il n'existera jamais en peinture des règles fixes rappelant la basse continue ou que celles-ci ne sauraient conduire qu'à l'Académisme. La musique a également sa gram-

---

1. De tels essais ont été faits. Le parallélisme avec la musique y a beaucoup contribué, par exemple, *Tendances nouvelles*, n° 35 ; Henri Rovel : « Les lois d'harmonie de la peinture et de la musique sont les mêmes », p. 721.

maire qui, comme toute chose vivante, se modifie au cours des grandes époques, mais qui, simultanément, peut toujours être une aide, servir utilement comme une espèce de dictionnaire.

Notre peinture se trouve cependant aujourd'hui dans une autre situation; son *émancipation* de sa dépendance directe de la « nature » n'en est qu'à ses débuts. Si, jusqu'à maintenant, la forme et la couleur ont déjà été employées comme agents intérieurs, c'était surtout inconsciemment. La subordination de la composition à une forme géométrique était déjà appliquée dans l'art ancien (par exemple l'art perse). La construction sur une base purement spirituelle est cependant un travail de longue haleine, qui commence relativement à l'aveuglette, au hasard. Il est alors nécessaire que l'artiste cultive non seulement ses yeux, mais également son âme, afin qu'elle soit capable de peser la couleur sur sa balance et de n'être pas seulement active à la réception des impressions extérieures (et bien entendu çà et là intérieures), mais puisse également agir comme force déterminante au cours de la création de ses œuvres.

Mais si nous commencions dès aujourd'hui à détruire totalement le lien qui nous attache à la nature, à nous orienter par la violence vers la libération, et à nous contenter exclusivement de la combinaison de la couleur pure et de la forme indépendante, nous créerions des œuvres qui seraient des ornements géométriques et qui res-

6. Kandinsky, *Impression V (Parc)*. Paris, Musée national d'art moderne (cliché Galerie Lelong).

sembleraient, pour parler crûment, à des cravates ou à des tapis. *La beauté de la couleur et de la forme* (malgré les prétentions des purs esthètes et des naturalistes, qui visent surtout à la « beauté ») *n'est pas un but suffisant en art.* En raison de notre position peu évoluée en peinture, nous sommes très peu capables de ressentir comme un événement intérieur une composition totalement émancipée, de couleurs et de formes. La vibration nerveuse existera certainement (comme, par exemple, devant des œuvres décoratives), mais elle restera surtout limitée au niveau des nerfs, car les vibrations de la sensibilité, les émotions de l'âme, seront demeurées trop faibles. Si nous considérons cependant que le tournant spirituel a pris un rythme littéralement impétueux, que même la base la plus « forte » de la vie spirituelle humaine, c'est-à-dire la science positive, en est entraînée et se trouve au seuil de la dissolution de la matière, on peut prétendre que quelques « heures » seulement nous séparent de cette composition pure. La première heure a déjà sonné.

L'art ornemental n'est certes pas un être totalement privé de vie. Il a sa vie intérieure qui, soit ne nous est plus compréhensible (art ornemental ancien), soit est un fouillis-alogique, un monde dans lequel des adultes et des embryons sont traités de la même manière et ont le même rôle social, dans lequel des êtres avec des parties de corps arrachées sont écartelés sur une planche avec des nez, des orteils et des nombrils animés d'une vie indépendante. C'est le pêle-mêle d'un kaléidoscope [1] créé, non par l'esprit, mais par le hasard matériel. Et malgré cette incompréhensibilité ou cette incapacité à simplement devenir compréhensible, l'art ornemental a un effet sur nous et même si celui-ci n'est que fortuit et spontané [2]. Un ornement oriental est également tout différent intérieurement d'un ornement suédois, nègre ou grec ancien, etc. Ce n'est pas sans raison qu'il est, par exemple, d'un usage courant de qualifier des tissus imprimés de gais, de sévères, de tristes, de vifs, etc., c'est-à-dire d'employer les adjectifs mêmes dont usent les musiciens (allegro, serioso, grave, vivace, etc.) pour préciser l'exécution d'un morceau. Il est également très possible que l'ornement ait été jadis issu de la nature (les représentants modernes de l'art décoratif tirent leurs motifs des champs et des bois).

Mais même si nous admettions qu'aucune autre source que la nature extérieure n'était utilisée, il n'en resterait pas moins que, *dans le bon ornement, les formes de la nature et ses couleurs n'étaient pas seulement traitées extérieurement, mais bien plutôt comme des symboles, utilisés presque d'une manière hiéroglyphique.* Et c'est la raison pour laquelle ils devinrent

1. Ce pêle-mêle a évidemment aussi une vie précise, mais d'une autre sphère.
2. Le monde que l'on vient de décrire est cependant un monde avec sa vie intérieure propre qui dans le fond est nécessaire, en principe, et offre des possibilités.

progressivement incompréhensibles, et, ainsi, nous ne pouvons plus déchiffrer leur valeur intérieure. Par exemple, un dragon chinois a beaucoup gardé de ses caractéristiques corporelles dans sa forme ornementale, mais il agit si peu sur nous que nous le supportons parfaitement dans une salle à manger ou dans une chambre à coucher et il ne nous fait pas plus d'effet qu'un chemin de table brodé de pâquerettes.

Peut-être un nouvel art ornemental se développera-t-il à la fin de cette période que nous voyons poindre, mais il ne s'inspirera vraisemblablement pas de formes géométriques. Aujourd'hui cependant, si nous tentions, au point où nous sommes arrivés, de créer ces ornements par la force, cette tentative ressemblerait à une autre : tenter de faire épanouir par la force des doigts un bouton de fleur à peine formé.

Nous sommes encore en général trop liés aujourd'hui à la nature extérieure et devons y puiser nos *formes* (ces tableaux purement abstraits sont encore rares!). Toute la question est maintenant : comment pouvons-nous le faire? c'est-à-dire jusqu'où notre liberté de modifier ces formes peut-elle aller, et avec quelles couleurs peuvent-elles être combinées?

Cette liberté peut aller aussi loin que la sensibilité de l'artiste le peut elle-même. On voit donc immédiatement l'importance infinie de la nécessité qu'il y a à cultiver cette sensibilité.

Quelques exemples nous permettront d'expliquer de manière relativement satisfaisante la deuxième partie de cette question.

La couleur rouge, toujours excitante lorsqu'elle est considérée isolément, voit sa valeur intérieure sensiblement modifiée lorsqu'elle n'est plus isolée et reste un son abstrait, mais est utilisée comme élément d'un être en liaison avec une forme naturelle. Cette application du rouge à diverses formes naturelles entraînera également différentes réactions intérieures, qui resteront cependant parentes par l'effet permanent habituellement isolé du rouge. Lions ce rouge avec un ciel, une fleur, une robe, un visage, un cheval, un arbre. Un ciel rouge nous fait penser par association à un coucher de soleil, à un incendie, etc. C'est donc un effet « naturel » (ici solennel et menaçant) qui se produit. Il est par ailleurs évident que la manière dont seront traités les autres objets en liaison avec le ciel rouge aura une grande importance. Si l'on établit une relation causale et qu'on les représente avec les couleurs qui sont possibles pour eux, l'effet de naturel du ciel en sera renforcé. Si par contre ces autres objets sont très éloignés de la nature, ils pourront affaiblir, voire même détruire tout à fait, l'impression de « naturel » du ciel. Il en sera sensiblement de même dans le cas du rouge et d'un visage, cas où le rouge peut donner l'effet de l'émotion du visage peint, ou bien peut être expliqué par un éclairage particulier. De tels effets ne

peuvent cependant être annulés que par une abstraction poussée des autres éléments du tableau.

Le rouge d'un vêtement est quelque chose de
tout à fait différent, un vêtement pouvant avoir
n'importe quelle couleur. Un tel rouge fera plutôt
l'effet d'une nécessité « picturale », le rouge ne
pouvant être utilisé seul, sans association directe
avec une intention matérielle. Il se fait cependant
un effet réciproque entre ce rouge du vêtement
et le personnage vêtu de ce rouge, et inversement.
Lorsque, par exemple, la note générale de l'image
est une note triste et que cette note est particulièrement concentrée sur le personnage vêtu de rouge
(par la position du personnage dans l'ensemble de
la composition, par son mouvement propre, par
les traits du visage, par le port de tête, la couleur
du visage, etc.), ce rouge fera tout particulièrement ressortir la tristesse de l'image et du personnage en question en raison de la dissonance émo-
tionnelle qu'il provoquera. Toute autre couleur
ne pourrait ici aboutir qu'à affaiblir cette impression en atténuant l'élément dramatique [1]. C'est
donc, de nouveau, le principe des contrastes que
nous avons déjà vu. L'élément dramatique n'est
créé ici que par l'introduction de rouge dans une

1. Il faut encore une fois rappeler expressément que tous
les cas, exemples, etc., de ce genre ne peuvent être considérés
que comme des valeurs schématisées. Tout cela est conventionnel et peut être modifié par le grand effet de la composition et tout aussi facilement par un simple trait. Les possibilités s'étendent à l'infini.

composition triste, car le rouge, lorsqu'il est isolé
(donc qu'il tombe sur la calme surface du miroir
de l'âme), ne peut pas produire d'ordinaire un
effet de tristesse [1].

Il en sera également autrement si l'on utilise ce
même rouge pour un arbre. Le ton fondamental
du rouge subsiste, comme dans tous les cas évoqués.
Il s'y ajoutera cependant la valeur spirituelle de
l'automne (le mot « automne » seul étant une unité
spirituelle comme toute autre notion réelle ou abstraite, incorporelle ou corporelle). La couleur se
combine complètement à l'objet et forme un élément agissant isolément, sans la consonance dramatique que j'ai évoquée dans le cadre de l'application du rouge au vêtement.

Enfin avec un cheval rouge nous avons encore
un cas tout à fait différent. La seule résonance de
ces mots nous transfère dans une autre atmosphère. L'impossibilité naturelle d'un cheval rouge
rend donc nécessaire un milieu aussi peu naturel
que possible. Autrement l'effet d'ensemble ne peut
être que de curiosité (donc tout à fait superficiel
et parfaitement inartistique) ou de conte de fées
maladroitement rendu [2] (donc une curiosité fon-

1. On ne saurait trop insister sur le fait que des expressions
comme « triste, joyeux, etc. », sont trop grossières et qu'elles
ne peuvent en conséquence servir que d'indications pour les
vibrations spirituelles fines et incorporelles.
2. Si le conte de fées n'est pas « traduit » dans sa totalité,
le résultat obtenu ressemblera à celui des images des contes
de fées au cinéma.

dée, mais sans effet artistique). Un paysage ordinaire, naturaliste, des personnages modelés, dessinés selon toutes les règles de l'anatomie
formeraient avec un tel cheval une dissonance qui
ne saurait avoir un effet spirituel et rien ne pourrait unifier le tout. La définition de notre harmonie montre comment il faut comprendre cette
« unité » et quel aspect elle peut avoir. On en
conclura qu'il est possible de scinder l'image
entière, de la plonger dans les contradictions, de
la conduire par toutes sortes de surfaces extérieures, de construire sur toutes sortes de surfaces
extérieures, *la surface intérieure* restant cependant
toujours la même. En effet, les éléments de la
construction de l'image ne sont pas dans cet extérieur, il faut les rechercher uniquement sur le plan
de *la nécessité intérieure.*

Le spectateur est également trop habitué à chercher dans de tels cas « un sens », c'est-à-dire une
relation extérieure entre les parties de l'image. En
effet, la même période matérialiste, dans la vie tout
entière, et, par là même, en art, a formé un spectateur qui est incapable de se placer simplement
en face de l'image (en particulier un « connais-
seur ») et qui cherche à y trouver toutes sortes de
choses (reproduction de la nature, la nature à travers le tempérament de l'artiste – donc, ce tempérament, une ambiance, de la « peinture », de
l'anatomie, de la perspective, une atmosphère
extérieure, etc.) sans chercher cependant à ressen-

tir la vie intérieure de l'image, et sans laisser *l'image* agir directement sur lui-même. Aveuglé par les moyens extérieurs, son œil spirituel ne cherche pas à savoir *ce* qui vit par ces moyens. Lorsque nous sommes en conversation intéressante avec quelqu'un, nous essayons de pénétrer dans son âme, nous recherchons son personnage intérieur, ses pensées et ses sentiments, et nous ne pensons pas qu'il s'exprime au moyen de mots, qui sont composés de lettres, ni que ces lettres se ramènent à des sons appropriés, ni que ces sons, pour naître, ont besoin de l'air aspiré dans les poumons (partie anatomique), de l'air chassé des poumons et de positions particulières de la langue, des lèvres, etc., afin que se produise une vibration de l'air (partie physique) qui se transmet ensuite au tympan, etc., pour parvenir jusqu'à notre conscience (partie psychologique), ce qui entraîne une réaction nerveuse (partie physiologique), et ainsi de suite jusqu'à l'infini. Nous savons que tout cela est parfaitement accessoire pour notre conversation, totalement fortuit, et que cela ne représente que des moyens extérieurs qui doivent être utilisés momentanément, *l'important de la conversation* étant la communication des idées et des sentiments. Vis-à-vis de l'œuvre d'art, on devrait adopter la même attitude et profiter ainsi de l'effet abstrait direct de l'œuvre. De cette manière, avec le temps, apparaîtra la possibilité de s'exprimer exclusivement par des moyens artistiques et il sera alors superflu d'emprunter des formes au monde extérieur pour les langages internes qui nous permettent aujourd'hui, par l'usage de la forme et de la couleur, d'atténuer ou de renforcer une valeur intérieure. Le contraste (comme le vêtement rouge dans la composition triste) peut avoir une puissance illimitée, mais doit cependant rester sur un seul et même plan moral.

Mais même si ce plan existe, le problème des couleurs dans notre exemple n'est pas, pour autant, résolu. Les objets « non naturels » et les couleurs qui leur correspondent peuvent facilement prendre une résonance littéraire, la composition agissant comme un conte de fées. Ce dernier résultat transporte le spectateur dans une atmosphère à laquelle, du fait qu'elle est légendaire, il s'abandonne et, *ce faisant*, 1. il y cherchera la fable, 2. il restera insensible ou peu sensible à l'effet pur des couleurs. De toute façon, dans ce cas l'effet direct intérieur de la couleur n'est plus possible : l'extérieur l'emporte facilement sur l'intérieur. De plus l'homme n'aime guère à approfondir, il reste volontiers à la surface, cela demande moins d'efforts. Il est vrai que « rien n'est plus profond que le superficiel », mais c'est la profondeur du marais. Existe-t-il un art qui soit pris plus à la légère que l'art « plastique » ? En tout cas, dès que le spectateur se croit entré dans le domaine légendaire, il est immédiatement immunisé contre les fortes vibrations de l'âme. Ainsi le but de l'œuvre est réduit à néant. C'est pourquoi il faut trouver une forme qui, d'une part, exclut l'effet de légendaire [1] et, d'autre part, n'entrave en aucune façon l'effet de la couleur. Pour cela, la forme, le mouvement, la couleur, les objets empruntés à la nature (réels ou non réels), ne doivent pas provoquer un effet extérieur ou un effet de récit lié à l'extérieur. Et, par exemple, plus le mouvement est immotivé, plus son effet sera pur, profond et intérieur.

Un mouvement très simple, dont le but est inconnu, fait par lui-même l'effet d'un mouvement important, mystérieux, solennel. Et cela aussi longtemps que l'on ne connaît pas le but extérieur, pratique, du mouvement. Il agit alors comme une résonance pure. Un travail simple, exécuté en commun (par exemple les préparatifs pour soulever un grand poids) prend, lorsque le but en est inconnu, une importance si singulière, si mystérieuse, si dramatique, et si poignante qu'involontairement on s'arrête, comme devant une vision, comme devant une vie sur un autre plan, jusqu'à ce que, brusquement, le charme soit rompu, que l'explication pratique vienne d'un coup, et éclaire le travail mystérieux et ses buts. Il y a dans le simple mouvement, extérieurement non motivé, une mine inépuisable de possibilités. De tels cas se produisent surtout lorsqu'on est plongé dans de

1. Ce combat avec l'atmosphère de légende ressemble au combat avec la nature. « La nature » s'introduit d'elle-même dans ses œuvres avec une trop grande facilité, parfois contre la volonté de l'artiste. Il est plus facile de peindre la nature que de combattre contre elle.

profondes pensées abstraites. De telles pensées arrachent l'homme à son activité quotidienne, pratique et utilitaire. C'est pourquoi l'observation de tels mouvements simples devient possible en dehors du cercle pratique. Mais dès l'instant où l'on se souvient de ce qu'il ne peut rien se produire d'énigmatique dans nos rues, l'intérêt pour le mouvement tombe : le sens pratique du mouvement en efface le sens abstrait. C'est sur ce principe que devrait être construite et que sera construite la « nouvelle danse » qui est le seul moyen d'exploiter totalement *toute* la signification, tout le sens intérieur du mouvement *dans le temps et dans l'espace.* L'origine de la danse semble être de nature purement sexuelle. De toute façon, nous voyons encore distinctement cet élément primitif dans les danses populaires. La nécessité, apparue ultérieurement, d'utiliser la danse comme auxiliaire du service divin (moyen d'inspiration) reste, pour ainsi dire, sur le plan de l'exploitation appliquée du mouvement. Peu à peu ces deux applications pratiques prirent une coloration artistique, qui s'est développée au cours des siècles et qui s'est achevée dans le langage des mouvements du ballet. Ce langage n'est plus aujourd'hui compréhensible qu'à une minorité et perd de plus en plus de sa clarté. De plus, il est beaucoup trop naïf pour les temps qui viennent : il ne servait simplement qu'à exprimer des sentiments matériels (amour, peur, etc.) et devra être remplacé par un autre, susceptible de provoquer

7. Kandinsky, *Improvisation 18 (avec pierre tombale).*
(Munich, Stadtische Galerie).

des vibrations plus subtiles de l'âme. Pour cette raison, les réformateurs actuels de la danse ont fait appel à des formes passées et continuent à y chercher une inspiration. C'est ainsi que naquit le lien qu'Isadora Duncan a noué entre la danse grecque et celle de l'avenir. C'est pour la même raison que les peintres se sont tournés vers les Primitifs. Naturellement, il ne s'agit pour la danse (comme pour la peinture) que d'une étape de transition. Nous nous trouvons confrontés à la nécessité de créer la danse nouvelle, la danse de l'avenir. La même loi de l'exploitation nécessaire du sens *intérieur* du mouvement, en tant qu'élément principal de la danse, interviendra et nous mènera au but. Ici également le « beau » conventionnel du mouvement devra être et sera jeté par-dessus bord, cependant que le processus « naturel » [élément littéraire] sera déclaré inutile et finalement gênant. De la même manière qu'en musique ou en peinture, il n'existe pas de « résonance laide » ni de « dissonance » extérieure, c'est-à-dire que de même que dans ces deux arts toute résonance ou consonance est belle [utile] lorsqu'elle procède de la nécessité intérieure, de même, bientôt, dans la danse la valeur intérieure de *chaque* mouvement sera ressentie et le beau intérieur remplacera le beau extérieur. Les mouvements « non beaux », qui deviennent maintenant subitement beaux, rayonnent immédiatement une puissance insoupçonnée et une force vivante. À partir de cet instant commencera la danse de l'avenir.

Cette danse de l'avenir, élevée ainsi au niveau de la peinture et de la musique actuelles, deviendra instantanément susceptible de concourir, en tant que troisième élément, à la *composition scénique,* qui sera la première œuvre de l'*Art monumental.*

La composition scénique comportera tout d'abord ces trois éléments :

1. mouvement musical,
2. mouvement pictural,
3. mouvement chorégraphique.

Après ce qui a été dit ci-dessus de la composition purement picturale, il est facile de comprendre ce que j'entends par le triple effet du mouvement intérieur (= composition scénique).

De même que les deux éléments principaux de la peinture (forme graphique et forme picturale) mènent chacun une vie indépendante, s'exprimant par leurs moyens propres et uniquement par ceux-ci, et de même que la composition en peinture naît de la combinaison de ces éléments, de leurs propriétés et possibilités, de même la composition sur scène sera possible grâce à l'action concordante ou discordante des trois mouvements indiqués ci-dessus.

La tentative de Scriabine, déjà rappelée ci-dessus (accroître l'effet du ton musical par l'effet du ton coloré correspondant), n'est naturellement qu'une tentative tout à fait élémentaire et n'est *qu'une* possibilité. Outre la consonance de deux, ou finalement des trois éléments de la composition scénique, il existe encore les possibilités suivantes : opposition, action alternée des différents éléments isolés, utilisation de l'autonomie totale (évidemment extérieure) de chacun d'eux, etc. C'est justement cette dernière possibilité qu'Arnold Schönberg a employée dans ses quatuors. Et l'on voit ici combien la consonance *intérieure* gagne en force et en importance, lorsque la consonance *extérieure* est utilisée en ce sens. On peut maintenant s'imaginer le nouveau monde, rayonnant de joie, dans lequel ces trois puissants éléments serviront un but créateur. Je suis contraint de renoncer ici à de plus amples développements de ce thème important. Le lecteur pourra appliquer également à ce cas le principe énoncé pour la peinture et verra, devant son esprit, se dresser, de soi-même, la vision radieuse de la scène de l'avenir. Sur les chemins complexes de ce nouveau royaume, qui se présentent au pionnier traversant de sombres forêts vierges, franchissant des gouffres vertigineux près de cimes désolées; longeant des abîmes sans fond et s'enchevêtrant en un réseau inextricable, c'est toujours le même guide infaillible qui le conduira — *le principe de la nécessité intérieure.*

*

Il découle des exemples cités plus haut de l'utilisation d'une couleur, de la nécessité et de l'importance de l'application de formes « naturelles » liées à la couleur en tant que son : 1. *où* se trouve la voie vers la peinture et 2. *comment,* en règle *générale,* cette voie doit être empruntée? *Cette voie est intermédiaire entre deux domaines (qui sont aujourd'hui deux dangers) : à droite celui de l'application intégralement abstraite totalement émancipée de la couleur sous une forme « géométrique »* (danger de la dégénérescence dans un art ornemental extérieur), *à gauche celui, plus réel, trop paralysé par les formes extérieures,* de l'application de la couleur sous des formes « corporelles » (danger de la platitude fantastique dans un art fantastique). Et dans le même temps on peut déjà (peut-être aujourd'hui seulement) progresser jusqu'à la limite sur la droite... et la franchir. De même jusqu'à la limite sur la gauche, et au-delà. Derrière ces limites (et j'abandonne ici la schématisation) nous trouvons, à droite : *l'abstraction pure* (c'est-à-dire une abstraction poussée plus loin que la forme géométrique) et à gauche : *le réalisme pur* (c'est-à-dire le grand fantastique, un fantastique fait dans la matière la plus dure). Et entre ces deux possibilités – liberté sans bornes, profondeur, largeur, richesse des possibilités, et au-delà les domaines de l'abstraction pure et du réalisme pur – *tout* aujourd'hui est, grâce au moment actuel, à la disposition de l'artiste. Nous sommes aujourd'hui au jour d'une liberté qui n'est concevable qu'à l'aube d'une grande époque [1]. Et simultanément cette même liberté est l'un des plus grands manques de liberté, car toutes ces possibilités, ces limites dans elles et au-delà d'elles, procèdent d'une seule et même racine : l'appel catégorique de *la nécessité intérieure.*

Dire que l'art est supérieur à la nature n'est en aucune façon une découverte récente [2]. De nouveaux principes ne tombent pas du ciel, mais sont en liaison causale avec le passé et l'avenir.

1. Sur cette question, voir mon article « Sur la question de la forme », dans *Der blaue Reiter,* Piper & Co, éditeur, 1912. Partant de l'œuvre d'Henri Rousseau, j'y démontre que le réalisme futur, à notre époque, est non seulement équivalent à l'abstraction, mais qu'il y est identique.

2. C'est en particulier en littérature que ce principe a déjà été exprimé depuis longtemps. Goethe, par exemple, dit : « L'artiste, avec son esprit libre, est au-dessus de la nature et peut la traiter selon les buts élevés qu'il poursuit... étant, tout à la fois, son maître et son esclave. Il en est esclave dans la mesure où il doit agir avec des moyens terrestres afin d'être compris (N.B!). Il en est par contre le maître dans la mesure où il subordonne ces moyens terrestres à ses intentions supérieures et les met à leur service. L'artiste veut parler au monde à l'aide d'un tout : mais ce tout, il ne le trouve pas dans la nature ; c'est, au contraire, le fruit de son propre esprit ou, si l'on veut, du souffle d'une inspiration divine » (Karl Heinemann, *Goethe,* 1899, p. 684). De nos jours, O. Wilde, « L'art commence où s'arrête la nature », *De Profundis.* En peinture également nous trouvons souvent de telles pensées. Delacroix disait par exemple que la nature n'est qu'un dictionnaire pour l'artiste. Et qu'« il faudrait définir le réalisme comme l'antipode de l'art », *Journal,* p. 246, Bruno Cassirer édit., Berlin, 1903.

Ce qui nous importe exclusivement aujourd'hui est de savoir quelle est, actuellement, la situation de ce principe et où nous pourrons aboutir demain avec cette aide. Et ce principe, on ne saurait trop insister sur ce point, ne doit jamais être appliqué de force. Mais si l'artiste accorde son âme avec ce diapason, ses œuvres auront cette résonance d'elles-mêmes. Tout particulièrement l'« émancipation » actuelle, toujours croissante, s'appuie sur ce fondement de la nécessité intérieure, qui, ainsi que nous l'avons déjà dit, est la force spirituelle de l'objectif dans l'art. *L'objectif dans l'art* tente aujourd'hui de s'extérioriser par une tension particulièrement forte. Les formes temporelles sont donc relâchées, afin que l'objectif soit exprimé plus clairement. Les formes naturelles créent des limites, qui, souvent, sont un obstacle à cette expression. C'est pourquoi elles sont mises de côté et l'espace devenu libre est utilisé pour *l'objectif de la forme* — construction en vue de la composition. Par là s'explique le besoin déjà très net aujourd'hui de découvrir les formes constructives de l'époque. Étant l'une des formes de transition, le cubisme, par exemple, montre à quel point les formes naturelles doivent être soumises par la force aux buts constructifs et quels obstacles inutiles ces formes représentent dans de tels cas.

De toute façon, on utilise aujourd'hui en règle générale une construction dépouillée qui est apparemment la seule possibilité de donner une expres-

sion à l'objectif dans l'art. Si nous pensons cependant à la façon dont nous avons défini l'harmonie
actuelle dans le présent ouvrage, nous pouvons
reconnaître également, dans le domaine de la
construction, l'esprit des temps actuels : une
construction (« géométrique ») non évidente, qui
ne saute pas aux yeux comme étant la plus riche
ou la plus expressive, mais une autre, cachée, qui
se dégage insensiblement de l'image et qui est, par
conséquent, moins destinée aux yeux qu'à l'âme.

Cette *construction cachée* peut être constituée de
formes apparemment jetées au hasard sur la toile,
qui n'auraient, encore une fois apparemment,
aucune liaison entre elles : l'absence extérieure de
liaison est ici sa présence intérieure. Ce qui, ici,
est extérieurement décousu est intérieurement
fondu en un tout. Et cela reste inchangé pour les
deux éléments : la forme du dessin et celle de la
peinture.

Et c'est justement ici que se trouve l'avenir de
l'harmonie en peinture. Les différentes formes
ayant entre elles un rapport « quelconque » ont
malgré tout, finalement, des relations importantes
et précises. Et, enfin, ces relations se laissent également exprimer sous une forme mathématique,
à ceci près que l'on se servira ici plus volontiers
de nombres irréguliers que de nombres réguliers.

Dans tout art la dernière expression abstraite reste
le nombre.

Il est évident que cet élément objectif nécessite

par ailleurs la raison, le conscient (connaissance objective – basse continue picturale) comme force nécessaire *concurrente*. Et cet objectif permettra à l'œuvre actuelle de dire dans l'avenir au lieu de « je fus » – « je suis ».

VIII

L'ŒUVRE D'ART
ET L'ARTISTE

C'est d'une manière mystérieuse, énigmatique, mystique, que l'œuvre d'art véritable naît « de l'artiste ». Détachée de lui, elle prend une vie autonome, devient une personnalité, un sujet indépendant, animé d'un souffle spirituel, qui mène également une vie matérielle réelle – *un être*. Ce n'est donc pas une apparition indifférente et née par hasard qui séjournerait, également indifférente, dans la vie spirituelle ; au contraire, comme tout être elle possède des forces actives et créatrices. Elle vit, agit et participe à la formation de l'atmosphère spirituelle dont il a été question plus haut. C'est à ce point de vue intérieur qu'il faut se placer, et exclusivement à ce point de vue, pour répondre à la question de savoir si l'œuvre est bonne ou mauvaise. Si elle est « mauvaise » dans la forme ou trop faible, c'est que cette forme est mauvaise ou trop faible pour provoquer dans l'âme des vibrations d'une résonance pure [1]. De même *une* image n'est pas « bien peinte », si ses valeurs (les inévitables valeurs des Français) sont convenablement choisies ou si elle est répartie d'une manière quasi scientifique entre le chaud et le froid mais, au contraire, *est bien peinte l'image qui intérieurement vit totalement. Et de même n'est un « bon dessin » que celui auquel rien ne peut être changé sans que cette vie intérieure soit détruite,* sans qu'il y ait lieu de considérer si le dessin est en contradiction avec l'anatomie, la botanique ou toute autre science. Ici la question n'est pas de savoir si une forme extérieure (et donc uniquement fortuite) est altérée, mais réside uniquement dans l'opportunité pour l'artiste d'utiliser ou non cette forme telle qu'elle existe extérieurement. *C'est de la même manière que doivent être utilisées les couleurs,* non pas parce qu'elles existent ou non dans la nature avec cette résonance, mais *parce qu'elles sont ou non nécessaires dans l'image avec cette résonance.* En bref, *l'ar-*

---

1. Par exemple, les œuvres dites « immorales » sont soit tout à fait impuissantes à éveiller une vibration quelconque de l'âme (elles sont alors, selon notre définition, « inartistiques »), soit capables d'éveiller également une vibration de l'âme ; parce que, sur un plan ou sur un autre, elles ont une forme correcte. Elles sont alors « bonnes ». Mais si, abstraction faite de cette vibration spirituelle, elles provoquent également des vibrations purement corporelles de bas niveau (comme on dit aujourd'hui), il ne faudrait pas en conclure que c'est l'œuvre, et non la personnalité qui réagit à cette œuvre par des vibrations inférieures, qu'il faut mépriser.

*tiste a non seulement le droit, mais le devoir de manier
les formes ainsi que cela est* NÉCESSAIRE *à ses buts.* Et
ni l'anatomie, ni les autres sciences du même ordre,
ni le renversement *par principe* de ces sciences ne
sont nécessaires, mais ce qui est nécessaire, c'est
une liberté *totalement illimitée* de l'artiste dans le
choix de ses moyens [1]. Cette nécessité est le droit
à la liberté illimitée, mais elle devient crime dès
lors qu'elle ne repose pas sur cette nécessité. Pour
l'art, ce droit est le plan moral intérieur dont nous
avons parlé. Dans la vie tout entière (donc également en art) – pureté du but.

Et en particulier : l'observance sans but des règles
scientifiques n'est jamais aussi nuisible qu'un inutile renversement de celles-ci. Dans le premier cas,
il s'ensuit une imitation (matérielle) de la nature
qui peut être utilisée pour certains objectifs [2]. Dans
le second il s'ensuit – une escroquerie sur le plan
artistique qui, comme toute faute, est suivie d'une
longue série de conséquences fâcheuses. Le pre-

1. Cette liberté illimitée doit être fondée sur la nécessité
intérieure (que l'on nomme honnêteté). Et ce principe n'est
pas seulement le principe de l'art, mais également celui de la
vie. Ce principe est l'arme principale du véritable surhomme
contre les Philistins.
2. Il est évident que cette imitation de la nature, si elle est
de la main d'un artiste qui a une vie spirituelle, ne restera
jamais une simple reproduction de la nature. Même sous cette
forme, l'âme peut parler et se faire entendre. On peut citer
des paysages de Canaletto qui pourraient servir d'exemple
aux têtes tristement célèbres de Denner (Alte Pinakothek à
Munich).

mier cas laisse l'atmosphère morale vide. Il la pétrifie. Le second l'empoisonne et l'empeste.

La peinture est un art et *l'art* dans son ensemble *n'est pas une vaine création d'objets* qui se perdent dans le vide, mais une puissance qui a un but et doit servir à l'évolution et à l'affinement de l'âme humaine, au mouvement du Triangle. Il est le langage qui parle à l'âme, dans la forme qui lui est propre, de choses qui sont le *pain quotidien* de l'âme et qu'elle ne peut recevoir que sous cette forme.

Si l'art se dérobe devant cette tâche, ce vide ne pourra être comblé, car il n'existe pas d'autre puissance qui puisse remplacer l'art [1]. Et toujours aux moments où l'âme humaine a une vie spirituelle plus forte, l'art revit car l'âme et l'art agissent réciproquement l'un sur l'autre et se perfectionnent mutuellement. Et dans les périodes où l'âme est engourdie par des visions matérialistes, par l'incrédulité, et par les tendances purement utilitaires qui en découlent, dans les périodes où elle est négligée, l'opinion se répand que l'art « pur » n'existe pas pour des buts déterminés de l'homme, mais qu'il est sans but, que l'art n'existe que pour l'art (l'art pour l'art) [2]. Ici, le lien entre

---

1. Ce vide peut facilement être comblé par le poison ou la peste.
2. Cette opinion est l'un des rares agents de l'idéal en de telles époques. C'est une protestation inconsciente contre le matérialisme qui veut tout réduire à une forme pratique et

l'art et l'âme est à demi anesthésié. Mais il y a une revanche, car l'artiste et le spectateur (qui communiquent entre eux par le langage spirituel) ne se comprennent plus et ce dernier tourne le dos au premier, ou le considère comme un charlatan dont il admirerait l'habileté et l'imagination tout extérieures.

L'artiste doit alors essayer de redresser la situation en reconnaissant les devoirs qu'il a vis-à-vis *de l'art* et donc également *de lui-même* et en ne se considérant pas comme le maître de la situation, mais comme serviteur d'idéaux supérieurs, avec des tâches précises, importantes et sacrées. Il lui faut s'éduquer, s'approfondir dans son âme, soigner et développer cette âme, afin que son talent extérieur ait quelque chose à habiller et ne soit pas, comme un gant perdu, la vaine et vide apparence d'une main inconnue.

L'artiste doit avoir quelque chose à dire, car sa tâche ne consiste pas à maîtriser la forme, mais à adapter cette forme au contenu [1].

utilitaire. Et cela prouve encore une fois la force et l'indestructibilité de l'art et montre la force de l'âme humaine, vivante et éternelle, qui peut être mise en sommeil, mais qui ne saurait être tuée.

1. On se sera rendu compte qu'il est ici question de l'éducation de l'âme et qu'il ne s'agit pas d'une nécessité d'introduire de force un contenu donné dans n'importe quelle œuvre ou d'habiller d'une forme artistique un contenu purement intellectuel! Dans ce cas, il n'en découlerait qu'un travail cérébral sans vie. Nous l'avons déjà dit plus haut : l'œuvre d'art véritable naît mystérieusement. Non, lorsque l'âme de l'artiste vit réellement, il n'est pas nécessaire de l'appuyer de pensées

L'artiste n'est pas un enfant du dimanche de la vie : il n'a pas le droit de vivre sans devoirs, il a une lourde tâche à accomplir, et c'est souvent sa croix. Il doit savoir que chacun de ses actes, chacune de ses sensations, chacune de ses pensées est le matériau impalpable, mais solide, d'où naissent ses œuvres et que, pour cela, il n'est pas libre dans sa vie, mais seulement dans l'art.

Et il découle tout naturellement de tout cela que, comparé à celui qui est dépourvu de tout don artistique, l'artiste est triplement responsable : 1. il doit restituer le talent qui lui a été confié ; 2. ses actes, ses pensées, ses sensations, comme ceux de tout autre homme, contribuent à l'atmosphère spirituelle, de sorte qu'ils purifient ou empestent cette atmosphère, et 3. ces actes, pensées et sensations sont le matériau de ses œuvres, qui agissent à leur tour sur l'atmosphère spirituelle. Il n'est pas seulement « Roi » – comme le nommait le Sâr Péladan

---

ou de théories. Elle trouve d'elle-même quelque chose à dire qui, sur le moment, peut rester caché même à l'artiste. *La voix intérieure de l'âme* lui dit également quelle est la forme dont il a besoin et où la trouver (« nature » intérieure ou extérieure). Tout artiste qui travaille selon ce qu'on est convenu de nommer l'intuition sait avec quelle soudaineté, et d'une manière tout à fait inattendue, la forme qu'il a pensée peut lui sembler mauvaise et comment « comme de soi-même » une nouvelle forme correcte vient remplacer la première qu'il a rejetée. Böcklin disait que la véritable œuvre d'art doit être comme une grande improvisation, c'est-à-dire que réflexion, construction, composition préalable ne doivent être que des étapes préliminaires par lesquelles on atteint le but, ce but ne pouvant être inattendu même pour l'artiste. C'est également ainsi qu'il faut comprendre l'usage du contrepoint à venir.

– par la grande puissance dont il dispose, mais également par l'importance de sa tâche.

Si l'artiste est le Prêtre du « Beau », ce Beau doit également être recherché en fonction du même principe de *la grandeur intérieure,* que nous avons trouvée partout jusqu'ici. Ce « Beau » ne peut se mesurer qu'à l'échelle de la grandeur et de *la nécessité intérieure,* qui nous a déjà rendu si souvent service.

Est beau ce qui procède d'une nécessité intérieure de l'âme. Est beau ce qui est beau intérieurement [1].

Maeterlinck, l'un des premiers pionniers, l'un des premiers utilisateurs de la composition spirituelle dans l'art d'aujourd'hui, dont procédera l'art de demain, disait :

« Il n'est rien sur terre qui soit plus avide de beauté et qui s'embellisse plus facilement qu'une âme... C'est pourquoi peu d'âmes, sur terre, résistent à la domination d'une âme qui se voue à la beauté [2]. »

---

1. Par ce beau il est évident que l'on n'entend pas la morale extérieure, ou même intérieure telle qu'on la comprend dans les relations ordinaires, mais *tout* ce qui, même sous une forme imperceptible, affine et enrichit l'âme. C'est pourquoi, par exemple, en peinture toute couleur est intérieurement belle, car chaque couleur provoque une vibration de l'âme et *toute vibration enrichit l'âme.* Et c'est pourquoi, enfin, tout peut être intérieurement beau qui est extérieurement « laid ». Il en est ainsi en art, il en est ainsi dans la vie. Et c'est pourquoi rien n'est « laid » quant au résultat intérieur, c'est-à-dire quant à l'effet produit sur l'âme des autres.

2. *De la beauté intérieure,* K. Robert Langewiesche Verlag, Düsseldorf et Leipzig, p. 187.

Et cette qualité de l'âme est l'huile qui permet le mouvement vers le haut et vers l'avant, lent, à peine visible, parfois extérieurement hésitant, mais constant et irrésistible, du Triangle spirituel.

CONCLUSION

Les huit reproductions jointes au présent texte sont des exemples des tendances constructives en peinture [1].

Les formes de ces tendances se répartissent en deux groupes principaux :

1. La composition simple, subordonnée à une forme simple apparaissant clairement. Je la nomme *Composition mélodique.*

2. La composition complexe, constituée de plusieurs formes, elles-mêmes subordonnées à une forme principale, précise ou estompée. Cette forme principale peut être extérieurement difficile à découvrir, ce qui donne à la base intérieure

1. Les tableaux décrits ici sont entre-temps devenus si célèbres que nous avons cru pouvoir, dans cette quatrième édition, renoncer à les reproduire.

une résonance particulièrement forte. Je nomme cette composition complexe *Composition symbolique*.

Entre ces deux groupes principaux existent différentes formes de transition, dans lesquelles le principe mélodique est nécessairement présent. Tout ce processus d'évolution ressemble étonnamment à celui de la musique. Les déviations que l'on peut observer dans ces deux processus sont le résultat d'une autre loi qui entre en jeu mais qui, finalement, avait toujours jusqu'ici succombé à l'autre loi d'évolution. C'est pourquoi ces déviations ne sont pas déterminantes.

Si l'on élimine de la *Composition mélodique* l'élément objectif, et si l'on met ainsi à nu la forme picturale fondamentale, on aboutit à des formes géométriques primitives ou à un assemblage de lignes simples au service d'un mouvement général. Ce mouvement général se répète dans les différentes parties, avec quelques variantes grâce à des lignes ou à des formes isolées. Dans ce dernier cas, ces lignes et formes isolées servent à différents buts. Elles peuvent, par exemple, constituer une sorte de point final auquel je donnerai le nom usité en musique de « fermata [1] ». Toutes ces formes constructives ont une résonance intérieure simple

---

1. Voir par exemple la mosaïque de Ravenne dont le groupe principal forme un triangle. Les autres personnages s'inclinent de manière de moins en moins sensible vers le triangle. Le bras étendu et la tenture de la porte constituent la fermata.

8. Kandinsky, *Composition 2*, 1910
(cliché Galerie Lelong).

comme également toute mélodie. C'est pourquoi je les nomme mélodiques. Appelées à une vie nouvelle par Cézanne et ultérieurement par Hodler, ces compositions mélodiques ont reçu de nos jours le nom de *rythmiques*. Ce fut le point de départ de la renaissance des buts compositionnels. Il est évident que la limitation de la notion de « rythmique » uniquement à ces cas serait trop étroite. De même qu'en musique *chaque* construction possède son rythme propre, et de même que dans chaque répartition parfaitement « fortuite » des choses dans la nature il existe *chaque fois* un rythme, de même pour la peinture. Simplement, ce rythme ne nous apparaît pas toujours dans la nature, car ses buts (dans certains cas et justement dans ceux qui sont importants) ne sont pas clairs. Cette combinaison peu claire est appelée pour cette raison arythmique. Cette division en rythmique et arythmique est donc parfaitement relative et conventionnelle. (Exactement comme la distinction entre consonance et dissonance qui, au fond, n'existe pas [1].)

Nombre de tableaux, de gravures sur bois, de miniatures, etc., des époques passées sont des compositions complexes « rythmiques » avec une tendance marquée au principe symphonique. Qu'on se souvienne simplement des vieux maîtres

---

1. On peut considérer le tableau *Les baigneuses* de Cézanne comme un exemple de cette construction mélodique clairement apparente avec un rythme ouvert.

allemands, des Persans, des Japonais, des icônes russes et surtout de l'imagerie populaire, etc. [1].

Dans presque toutes ces œuvres la Composition symphonique est encore liée très fortement à la Mélodique. Cela veut dire que si l'on écarte l'objectif, dégageant ainsi le compositionnel, une composition apparaît, construite avec la sensation du calme, de la répétition tranquille, de la répartition sensiblement régulière [2]. Involontairement, on pense à d'anciennes compositions chorales, à Mozart et enfin à Beethoven. Ce sont là des œuvres qui sont plus ou moins apparentées à l'architecture imposante, pleine de calme et de dignité d'une cathédrale gothique : équilibre et répartition régulière des différents éléments sont le diapason et la base spirituelle de telles constructions. De telles œuvres appartiennent à la forme transitoire.

J'ai joint trois reproductions de mes tableaux à

---

1. Nombre d'œuvres de Hodler sont de telles compositions mélodiques avec des rappels symphoniques.
2. La tradition joue ici un grand rôle. Et tout particulièrement dans l'art devenu populaire. De telles œuvres naissent principalement au cours de la floraison d'une période culturelle (ou empiètent sur la suivante). La fleur parfaitement ouverte respire une atmosphère de calme intérieur. Au cours de la période de germination, il existe trop d'éléments en lutte, se contrariant et se heurtant, pour que le calme puisse constituer une note visiblement dominante. En dernière analyse cependant, toute œuvre sérieuse est calme. La dernière période (plénitude) n'est pas facile à reconnaître pour les contemporains. Toute œuvre sérieuse résonne intérieurement comme ces mots : « Je suis là », prononcés avec calme et dignité. L'amour ou la haine pour l'œuvre s'évanouissent, disparaissent. La résonance de ces mots est éternelle.

titre d'exemples des nouvelles compositions symphoniques, dans lesquelles l'élément mélodique n'est utilisé que de temps à autre et toujours comme l'un des éléments subordonnés, en prenant cependant une forme nouvelle.

Ces reproductions sont des exemples de trois sources différentes :

1. Impression directe de la « nature extérieure », exprimée sous une forme graphique et picturale. J'appelle ces images *Impressions*.

2. Expressions, principalement inconscientes et pour une grande part issues soudainement des processus de caractère intérieur, donc impressions de la « nature intérieure ». J'appelle ce genre *Improvisations*.

3. Expressions se formant de la même manière (mais toujours particulièrement lentement) en moi, que je reprends longuement et d'une manière presque pédante après les premières ébauches. J'appelle ce genre d'images *Compositions*. Ici, la raison, le conscient, l'intentionnel, l'efficacité jouent un rôle prédominant. Simplement ce n'est pas le calcul, mais le sentiment qui l'emporte toujours.

Le lecteur patient de cet ouvrage comprendra facilement quelle construction inconsciente ou consciente est à l'origine des trois genres de mes tableaux.

Pour terminer, je voudrais observer qu'à mon avis nous nous approchons de plus en plus de l'ère du compositionnel conscient et raisonnable. Le peintre sera bientôt fier de pouvoir expliquer ses œuvres d'une manière constructive (à l'inverse des Impressionnistes purs qui étaient fiers de ne pouvoir rien expliquer). Nous sommes au seuil de l'époque de la création utile. Et enfin je crois que cet esprit est en liaison organique directe, en peinture, avec la création déjà commencée du nouveau Royaume spirituel, car cet esprit est l'âme de l'*Époque* du *grand Spirituel.*

B. PEINTURE

Composé et achevé d'imprimer
par l'Imprimerie Bussière
à Saint-Amand (Cher), le 24 mai 1993.
Dépôt légal : mai 1993.
1ᵉʳ dépôt légal dans la collection : février 1989.
Numéro d'imprimeur : 1251.
ISBN 2-07-032432-X./Imprimé en France.